LITERATURFILM 9

Beiträge zur Medienästhetik

Hg. von Dagmar von Hoff

PETER LANG
EDITION

Sven Safarow

Dr. Mabuse
und seine Zeit

Eine deutsche Chronologie

PETER LANG
EDITION

Bibliografische Information der Deutschen Nationalbibliothek
Die Deutsche Nationalbibliothek verzeichnet diese Publikation
in der Deutschen Nationalbibliografie; detaillierte bibliografische
Daten sind im Internet über http://dnb.d-nb.de abrufbar.

Umschlagabbildung: Motiv aus *Das Testament des Dr. Mabuse.*
Abdruck mit freundlicher Genehmigung des Autors.

ISSN 2195-4984
ISBN 978-3-631-67032-3 (Print)
E-ISBN 978-3-653-06240-3 (E-Book)
DOI 10.3726/978-3-653-06240-3

© Peter Lang GmbH
Internationaler Verlag der Wissenschaften
Frankfurt am Main 2016
Alle Rechte vorbehalten.
Peter Lang Edition ist ein Imprint der Peter Lang GmbH.

Peter Lang – Frankfurt am Main · Bern · Bruxelles · New York ·
Oxford · Warszawa · Wien

Diese Publikation wurde begutachtet.

www.peterlang.com

Dank an

Andreas Beilharz
Emil Fadel
Simon Frauendorfer
Christian Moises
Simon Ofenloch

Inhaltsverzeichnis

Eine Idee von Mabuse

Die Figur des Dr. Mabuse repräsentiert zusammen mit dem Vampir Nosferatu und Dr. Caligari den expressionistischen deutschen Film der 1920er Jahre. Doch Mabuse war von Anfang an anders, erwies sich vor allem als weitaus langlebiger als seine fiktiven Zeitgenossen. Friedrich Wilhelm Murnaus NOSFERATU – EINE SYMPHONIE DES GRAUENS (1922) und Robert Wienes DAS CABINET DES DR. CALIGARI (1919) können sich zwar noch auf ihren Status als Referenzfilme verlassen, doch die diesen Filmen entsprungenen Schöpfungen haben sich längst nicht so verselbständigt wie der vom luxemburgischen Schriftsteller Norbert Jacques erdachte Mabuse.

Jacques lässt die Figur in seinem erfolgreichen Roman *Dr. Mabuse, der Spieler* (1921/22) zwar sterben, bereut dies aber schnell, nachdem Fritz Langs zweiteilige Filmadaption DR. MABUSE, DER SPIELER (1921/22) sich als großer Erfolg herausstellte. Der Autor schreibt mit „Dr. Mabuse auf dem Presseball" eine kurze Glosse, die den Tod seiner Figur revidiert[1], sowie andere Unterhaltungsromane, in denen die Figur auftaucht. Er arbeitet an seinem zweiten Mabuse-Roman, während Lang DAS TESTAMENT DES DR. MABUSE (1933) vorbereitet, doch aufgrund rechtlicher Unstimmigkeiten erscheint der Roman erst 1950 unter dem Titel *Dr. Mabuses letztes Spiel.*[2]

Der erste Mabuse-Roman ist heute vor allem als Zeitroman interessant. Kurz nach Ende des Ersten Weltkriegs hat sich in den Großstädten der neugegründeten Weimarer Republik ein, um es mit Siegfried Kracauer zu sagen, Kult der Zerstreuung[3] herausgebildet, der die harte Realität außen vor ließ. Jacques hat sich dieser und ähnlicher Phänomene angenommen und beschreibt in seinem Roman das Leben als eine „Lotterie um Sein oder

---

1 Vgl. Jacques, Norbert: Dr. Mabuse auf dem Presseball. In: Mabuses Kolonie. Hg. v. Michael Farin und Günter Scholdt. Reinbek bei Hamburg: Rowohlt 1997. S. 7–10, hier S. 7.
2 Vgl. Scholdt, Günter: Der Fall Norbert Jacques. Über Rang und Niedergang eines Erzählers (1880–1954). Stuttgart: Akademischer Verlag Hans-Dieter Heinz 1976 (Stuttgarter Arbeiten zur Germanistik; 22). S. 468.
3 Kracauer, Siegfried: Das Ornament der Masse. Essays. Frankfurt am Main: Suhrkamp 1977 (suhrkamp taschenbuch; 371). S. 311–17.

Nichtsein"[4], in der die Angst vor der kommenden Inflation allgegenwärtig ist, gleichzeitig das Glücksspiel exzessiv betrieben wird und sich als ideale Metapher für die Zustände erweist, denn man spielt nicht nur mit Karten, sondern auch „mit Waren, mit Gedanken und mit Genüssen, mit der Macht wie mit der Schwäche, mit dem Nächsten wie mit sich selber".[5] In diese turbulente Zeit tritt nun die Figur des Dr. Mabuse, ein Spieler, Verkleidungskünstler, Hypnotiseur und Schmuggler, der sich das Chaos zunutze macht. Fritz Lang gab dem ersten Teil seiner Verfilmung aus gutem Grund den Untertitel DER GROSSE SPIELER – EIN BILD DER ZEIT. Das „Zeitbild"[6], das Roman und Film gleichermaßen anstreben, die „betonte Fixierung auf die unmittelbare Gegenwart, das Deutschland der Inflationszeit"[7], laden die Figur des Verbrechers mit enormer Bedeutung auf, die jedoch keineswegs eindeutig ist. Um eben diese Bedeutung soll es hier gehen sowie um die Ursprünge der Figur Mabuse, die Günter Scholdt nicht nur als „deutschen Mythos"[8], sondern gar als „eine literarische Antizipation des künftigen ‚Führers'"[9] bezeichnet. Mabuse als Vorahnung oder Vorläufer Adolf Hitlers geht natürlich auf Kracauers Studie *Von Caligari zu Hitler* (1947) zurück, die uns später noch einmal begegnen wird.

Dass den Filmen um Dr. Mabuse durchaus eine zeitdiagnostische Qualität eignet, wird spätestens dann offensichtlich, wenn man sich die Nachfolgefilme vergegenwärtigt. DAS TESTAMENT DES DR. MABUSE entsteht kurz vor der endgültigen Machtergreifung der Nationalsozialisten. Die Stimmung und die Inhalte vermitteln diesen Schwebezustand, sogar Joseph Goebbels muss sich des Subtextes klargeworden sein, hatte er doch den Film offiziell verboten. Lang sagte 1943 bei der US-Premiere des Films, dass der Film

---

4   Jacques, Norbert: Dr. Mabuse, der Spieler. Reinbek bei Hamburg: Rowohlt 1996. S. 26.
5   Ebd.
6   Patalas, Enno: Kommentierte Filmografie. In: Fritz Lang. Hg. v. Peter W. Jansen u. Wolfram Schütte. 2., ergänzte Auflage. München, Wien: Carl Hanser Verlag, 1987 (Reihe Film; 7). S. 83–142, hier S. 88.
7   Ebd., S. 89.
8   Scholdt, Günter: Mabuse, ein deutscher Mythos. In: Dr. Mabuse, der Spieler. Hg. v. Michael Farin und Günter Scholdt. Reinbek bei Hamburg: Rowohlt 1996. S. 359–382, hier S. 359.
9   Ebd., S. 367.

„als Allegorie gedacht [war], um Hitlers Terrormaßnahmen zu zeigen. Schlagworte und Doktrinen des Dritten Reiches sind den Verbrechern des Films in den Mund gelegt worden. So hoffte ich, die These der Nazis zu demaskieren, die von der Notwendigkeit redet, alles, was einem Volk kostbar ist, zu zerstören."[10]

Mabuse kehrt im Deutschland Konrad Adenauers zurück. DIE 1000 AUGEN DES DR. MABUSE (1960) von Fritz Lang über ein von den Nazis ersonnenes Hotel, das seine Gäste per Video überwacht, markiert den Beginn einer von Artur Brauner produzierten sechsteiligen Filmreihe, die mit Horst Wendlandts Edgar-Wallace-Filmen konkurrieren sollte. In diesen Filmen ist Mabuse endgültig körperlos geworden, ein Geist, der die Korrumpierbaren befällt und Verbrechen im Geheimen begeht. Lang wurde wieder von realen Geschehnissen beeinflusst, von

„zwei Zeitungsberichte[n], der erste über ein von der US-Armee entwickeltes Geschoß, das angeblich keine Spuren im Körper der Getroffenen hinterließ, der zweite über ein von den Nazis geplantes Prominentenhotel, in dessen Zimmern versteckte Mikrophone eingebaut werden sollten. Unsichtbare Zeugen, unsichtbare Projektile: dahinter erkannte Lang Mabuses Geist".[11]

Die verschwörerischen Kräfte, die immer wieder in den Mabuse-Filmen wirken, verweisen auf das Genre des Spionagethrillers. Das Prinzip allumfassender Überwachung, wie es in DIE 1000 AUGEN DES DR. MABUSE zum Ausdruck kommt, erinnert jedoch an die Dystopie, etwa an George Orwells *1984* (1949). Moderne Technik und ihr zerstörerisches Potential sind von Beginn an ein fester Bestandteil der Romane (man denke an das Amphibienfahrzeug in Jacques' erstem Mabuse-Roman) wie auch der späteren Mabuse-Filme. Für letzteres gibt es eine Vielzahl von Gründen. Zum einen war es ein Versuch, den amerikanischen James-Bond-Filmen (zumindest im Inland) Konkurrenz zu machen. Vor allem der sechste Film der Reihe, DIE TODESSTRAHLEN DES DR. MABUSE (1964), mit seiner international angelegten Geschichte und seinen Science-Fiction-Anleihen macht dies deutlich. Zum anderen zeigt sich hier das Bemühen, modern und auf der Höhe der

---

10 Lang, Fritz: Aus, Tableau. In: Das Testament des Dr. Mabuse. Hg. v. Michael Farin und Günter Scholdt. Reinbek bei Hamburg: Rowohlt 1997. S. 257–274, hier S. 265. Inwieweit dies bloß eine nachträgliche Behauptung Langs ist oder tatsächlich der damaligen Absicht entspricht, lässt sich aus heutiger Sicht nur spekulieren.
11 Patalas, E.: Kommentierte Filmografie. S. 140.

Zeit zu sein, mit anderen Worten: zukunftsorientiert. Doch entpuppt sich diese Zukunft als beängstigend, da sie nichts als neue Wege für das Verbrechen aufzeigt. Daher steckt in der Darstellung moderner und mitunter zerstörerischer Technik ein Skeptizismus, ein konservativer Reflex, der auf die Ursprünge der Figur Mabuse verweist. Jacques zeigt sich in seinem Roman sehr skeptisch gegenüber neuen Entwicklungen, zum Beispiel dem Expressionismus in Kunst und Musik, die er als „Farbenklatsche"[12] und „moderne Geräusche"[13] beschreibt. Doch ist seine Umdeutung des Schurken in *Dr. Mabuse, der Spieler*, dessen ‚Beförderung' zum Protagonisten ein Akt, der ironischerweise ganz im Sinne des Expressionismus geschieht.[14] Zudem folgt er damit dem Zeitgeist, denn auch Fantômas in Frankreich wurde seit seinem ersten Erscheinen 1911 zum negativen Helden, Dr. Fu-Manchu seit 1912 in Großbritannien. Was zunächst nur in der Romantik (*Der Sandmann*, 1816) und der Horrorliteratur (*Dracula*, 1897) üblich war, findet jetzt Verbreitung in der populären Unterhaltungskultur. Von der Faszination für seinen Titelhelden wird sich Jacques jedoch im Laufe des Romans distanzieren, lässt er doch durch die Figur des Staatsanwalts Wenk eine moralische Instanz auftreten, die sich den Plänen Mabuses entgegenstellt. Dennoch zeigt sich Jacques zweifellos mehr an Mabuse als an Wenk interessiert, den er als gewaltige, schillernde, extrovertierte Gestalt zeichnet, die in der Öffentlichkeit nur in Masken auftritt, was auf eine aufrichtige, aber auch leicht verschämte Faszination schließen lässt. Mabuse existiert im Roman und in den späteren Filmen vor allem als ‚kontagiöse Präsenz', als Geist, von dem man besessen wird. Gerade dieser Einfall macht die These, Mabuse sei ein Indikator für gesellschaftspolitische Umwälzungen oder den jeweiligen Zeitgeist, so naheliegend wie einleuchtend: Spätestens wenn er das Körperliche hinter sich lässt, wird er zur Stimmung, zur Atmosphäre des Schreckens.

Diese Tendenz zeigt sich bereits in der ersten Filmfortsetzung DAS TESTAMENT DES DR. MABUSE. Mabuse selbst befindet sich, geistig umnachtet, in der geschlossenen Psychiatrie. Doch sein behandelnder Arzt Professor Baum wird, nachdem er in seinen Aufzeichnungen gelesen hat, von seinem

---

12 Jacques, N.: Dr. Mabuse, der Spieler. S. 82.
13 Ebd., S. 32.
14 Vgl. Kapitel 2.1.

Geist besessen. Fortan agiert er, fremdgesteuert, Mabuses Pläne aus und setzt dessen sogenanntes Testament in die Tat um.

In Langs drittem Mabuse-Film DIE 1000 AUGEN DES DR. MABUSE gibt es nun einen „Mann, der vorgibt, Dr. Mabuse zu sein"[15], der ansonsten „nichts mehr mit Mabuse zu tun hat, sich nur des Namens und seiner Methoden bedient, um Macht auszuüben."[16] Nicht mehr der machthungrige Charakter Mabuse steht im Mittelpunkt der Erzählung, sondern nur mehr die Idee von ihm. Eine Idee, die stets aus ihrer Zeit heraus beschworen wird.

---

15 Grob, Norbert: Fritz Lang. „Ich bin ein Augenmensch". Die Biographie. Berlin: Propyläen, 2014. S. 361.
16 Ebd., S. 357.

Filmische Echos

Der Geist Mabuses erfüllt nicht nur die offiziellen Mabuse-Filme von Artur Brauners Produktionsfirma CCC, sondern auch andere wesensverwandte Werke. Wenn man einen Blick auf Ingmar Bergmans DAS SCHLANGENEI (1977) wirft, der in der Weimarer Republik spielt, erkennt man viele Anspielungen auf den Mabuse-Stoff. In diesem, Bergmans einzigen, Kriminalfilm geht es um den amerikanischen Zirkusartisten Abel Rosenberg (David Carradine), der im Berlin des Jahres 1923 in eine mysteriöse Mordserie verwickelt wird. Kommissar Bauer (Gert Fröbe) verdächtigt ihn, offenbar wegen seiner jüdischen Herkunft.

Eine ungewöhnliche Geschichte für Bergman, der sich hier weniger für die Handlung interessiert, als für die deutsche Befindlichkeit. Hohe Arbeitslosigkeit, Vergnügungssucht, moralischer Verfall und ein schleichender Antisemitismus haben dieses Berlin befallen, und Bergman findet apokalyptische Bilder dafür. Inspiriert wurde er von Joachim Fests Hitler-Biographie: „Die Zeilen über den Zusammenbruch Deutschlands regten meine Kreativität an. Die schwer zu handhabende Balance zwischen Chaos und Ordnung hat mich stets gefangengenommen".[17]

Möglicherweise hat ihn auch Fritz Langs „Zeitbild" angeregt, haben doch beide Filme dasselbe Thema: den Zusammenbruch der gesellschaftlichen Ordnung der Weimarer Republik, die zur Brutstätte des Faschismus degeneriert. Einige direkte Verweise zu Langs Mabuse-Filmen lassen auf eine Kenntnis des Stoffes schließen. Da ist zunächst einmal die Besetzung von Gert Fröbe (aus DIE 1000 AUGEN DES DR. MABUSE) als Kommissar. In einer Szene, in der der Kommissar Rosenberg bei der Aufklärung der Mordserie zu Hilfe ruft, erwähnt er seinen Kollegen Kommissar Lohmann, der gerade an einem ähnlich verrückten Fall sitze. Lohmann ist der Ermittler in Langs M – EINE STADT SUCHT EINEN MÖRDER (1931) und DAS TESTAMENT DES DR. MABUSE.

Die geheimnisvollen Morde werden von einem verrückten Doktor verübt, der hier den Namen Vergérus (Heinz Bennent) trägt. Dieser führt grausame

---

17 Bergman, Ingmar: Bilder. Köln: Kiepenheuer & Witsch 1991. S. 171.

Experimente an Menschen durch, die unter anderem an die unmenschlichen Praktiken Josef Mengeles erinnern. Vergérus ist jedoch kein kriminelles Genie, sondern ein Wissenschaftler, der glaubt, seiner Zeit voraus zu sein. Er glaubt an eine neue Weltordnung, die in zehn Jahren, also 1933, eintreffen werde. Seine Experimente würden dieser neuen Welt dienlich sein, und die Schwachen auslöschen, während die Starken gefördert würden.

Während Lang mit seinen Mabuse-Filmen die jeweilige Gegenwart kommentierte, hat Bergman, Kracauers Ansatz befolgend, aus der zeitlichen Distanz versucht, den sozialen und geistigen Ursprung des Dritten Reiches zu erhellen.

Gordon Hesslers Scream and Scream Again (1969), ein Genre-Hybrid aus Horror und Spionagemär ist kein Mabuse-Film. Der Film, der mit den Horrorikonen Vincent Price, Christopher Lee und Peter Cushing besetzt ist, trägt jedoch den deutschen Verleihtitel Die lebenden Leichen des Dr. Mabuse, vermutlich aus Marketinggründen. Interessant ist, dass der ohnehin stark mit dem Horrorgenre assoziierte Doktor dank deutschem Titel und Synchronisation damit endgültig im Genrekino angekommen ist: Mabuse als *mad scientist*.

Als Das Testament des Dr. Mabuse 1952 in den USA als The Crimes of Dr. Mabuse startete, so fiel das dazugehörige Poster vor allem dadurch auf, dass hinter Mabuses Konterfei zugleich die Abbilder Draculas, des Frankenstein-Monsters, und Mr. Hydes zu sehen waren. Der Text pries Mabuses Vorzüge gegenüber den klassischen Monstern und fragte in den Raum hinein: „Madman? Monster? Murderer? Scientist?"[18] Einerseits eine unmissverständliche Verortung des Doktors, andererseits aber durchaus eine legitime Fragestellung: Was definiert Mabuse als klassische Horrorfilmfigur? Hans Schmid meint: „Mabuse hatte schon immer etwas von Frankenstein. Die Welt bevölkerte er mit seinen Kreaturen, aber dank seiner hypnotischen Fähigkeiten konnte er sich auf Augen und Gehirn der Lebenden konzentrieren, statt Leichenteile miteinander verbinden zu müssen."[19]

---

18 Kalat, David: The Strange Case of Dr. Mabuse. A Study of the Twelve Films and Five Novels. Jefferson: McFarland 2001. S. 284.
19 Schmid, Hans: Mabuses Kino – Kino als Sabotage. In: Das Testament des Dr. Mabuse. Hg. v. Michael Farin und Günter Scholdt. Reinbek bei Hamburg: Rowohlt 1997. S. 408–421, hier S. 417.

In SCREAM AND SCREAM AGAIN verbindet ‚Mabuse' nun tatsächlich Leichenteile miteinander, um eine Superrasse zu erschaffen und mit ihr die Welt zu übernehmen. Im Original heißt er jedoch Browning und ist Teil einer Weltverschwörung, in der die stille Übernahme durch ein synthetisch hergestelltes Menschengeschlecht vorangetrieben wird.

Es ist anzunehmen, dass der deutsche Verleih sich bewusst für Titel- wie Namensänderung entschieden hat, um ihn (marketingtechnisch) mit der erfolgreichen Reihe von Brauners CCC in Verbindung zu bringen. Interessanterweise enthält SCREAM AND SCREAM AGAIN viele Elemente, die zu einem ‚Mabuse-Film' gehören: Spionage, Verschwörung, moderne Technologie, die zu verbrecherischen Zwecken missbraucht wird, Hypnose und überdies einen klaren Deutschlandbezug. Es gibt zwei wichtige Handlungsstränge in dem Film: der eine beschäftigt sich mit den Experimenten von Browning/ Mabuse in London, und der andere spielt in einer fiktiven Militärdiktatur und handelt von dem deutschen Emporkömmling Konratz, der in seinem Machtbestreben über Leichen geht. Diese Diktatur ist eine Art Kreuzung aus Nazideutschland und der DDR. Die Soldaten tragen Armbinden, die das Hakenkreuz mit Pfeilen ersetzen, das ursprüngliche Symbol aber unschwer erkennen lassen. Dieses Deutschland im Jahre 1969 hat die Diktatur nicht hinter sich lassen können. Nur das ideologische Banner wurde ausgewechselt. Gleichzeitig wird hier eine geradezu paranoide Angst vor dem Kommunismus heraufbeschworen, der mit dem Nationalsozialismus gleichgestellt wird. Ein weiterer Beweis für den Geist von Mabuse, von dem dieser Film erfüllt ist.

Überdies stellt Christopher Lee als Fremont am Ende des Films seine hypnotischen Kräfte unter Beweis, was einerseits ein klarer Bezug zu seiner Paraderolle als Dracula ist, andererseits auf Mabuses Suggestionsfähigkeiten verweist.

Und auch wenn die deutsche Synchronisation Vincent Price zum Mabuse macht, sind es vor allem Lee und der von Marshall Jones gespielte Konratz, die diabolische, mabusische Machtmenschen verkörpern und ihre eigenen konspirativen Pläne verfolgen.

Ulrike Ottingers DORIAN GRAY IM SPIEGEL DER BOULEVARDPRESSE (1984) ist zweifellos der unkonventionellste Film mit einer Mabuse-Figur. Der Avantgardefilm vereint Oscar Wildes fin-de-siècle-Roman mit Jacques' Schöpfung, Mediensatire mit moderner Oper, Gender Studies mit Performance Art.

Ottingers Mabuse wird von Delphine Seyrig verkörpert und leitet ein Medienimperium, das sich auf Boulevardjournalismus spezialisiert. Frau Dr. Mabuse möchte jedoch nicht mehr auf Sensationsgeschichten warten, sondern ihre eigenen erfinden, mit einem Star, den sie selbst kreiert. Sie entscheidet sich für den gesichtslosen Playboy Dorian Gray (Veruschka von Lehndorff), den sie umgarnt und in neue gesellschaftliche Kreise einführt. Dabei führt sie ihn auch in die skandalträchtige Berliner Underground-Szene, wo er unentwegt von Mabuses Reportern fotografiert wird, die dann zu den jeweiligen Schnappschüssen die passenden Schlagzeilen erfinden.

Ottinger macht sich Dorian Gray und Mabuse zu eigen, um sie ihren filmisch-feministischen Collagen hinzuzufügen. Doch kann sie gleichzeitig nicht anders, als die Figuren einer Neubewertung zu unterziehen. Es ist nicht mehr der Narzissmus, der Dorian Gray um den Verstand bringt, es sind die neuen Mechanismen der Medien, die sich immer auch der Oberfläche und der Oberflächlichkeit widmen, wie zu Oscar Wildes Zeiten. Und hinter dieser Oberfläche lauert in der Regel ein Mabuse, der diese Mechanismen steuert und kontrolliert und davon profitiert. Dieser zeitgenössische, weibliche Mabuse ist eine glamouröse Figur, spricht gleichzeitig drei Sprachen und ist eine Verführerin: ein Mephistopheles, der Dorians Medienpersona steuert.

Abgesehen von den genannten Filmen, deren Geschichten eine Sensibilität für den Mabuse-Stoff verraten, erfuhr die Figur ihre wichtigste Reinkarnation in Claude Chabrols DR. M (1989).

DR. M ist kein Remake oder bloße Hommage, sondern eine konsequente Aktualisierung des Stoffes. Jacques' Mabuse entstammt einer Übergangszeit, in der gesellschaftliche Umbrüche rasch aufeinanderfolgten: die Amerikanisierung durch Körperkult und Jazzmusik, die sexuelle Freizügigkeit, die stetige Kommerzialisierung des populären Theaterbetriebs durch die Revue, der Siegeszug des Kinos, der zunehmende Nationalismus und die Inflation. Für Kracauer ist Mabuse die reaktionäre Antwort auf Chaos und Umbruch, und sein Ziel ist es, diesem Chaos eine autoritäre Ordnung entgegenzusetzen. Auch DR. M fällt in einen höchst interessanten Abschnitt der jüngeren Geschichte. Berlin ist zweigeteilt (was sich jedoch während der Dreharbeiten ändern sollte), ein Symbol des ideologischen Kampfes um die Kulturen. Zwischen Angst und polizeilicher Ordnung sind es nun gewaltige Konzerne und undurchsichtige Medientycoons, die den Zeitgeist bestimmen. In dieser Welt, deren Schicksal längst entschieden scheint, in dieser sogenannten

‚nahen Zukunft' erzählt Chabrol eine auf den ersten Blick simple Kriminalgeschichte: Kommissar Hartmann (Jan Niklas) muss eine mysteriöse Selbstmordwelle aufdecken und stößt dabei auf das bekannte Model Sonja Vogler (Jennifer Beals), die ohne ihr Wissen von dem geheimnisvollen Dr. Heinrich Marsfeldt (Alan Bates) als Todesengel missbraucht wird.

Das Besondere an der Mabuse-Inkarnation Marsfeldt ist, dass er nicht nach Macht strebt, wie Mabuse es tut, denn er hat sie bereits: ihm gehört der Medienkonzern Mater Media und das ominöse Urlaubscenter Theratos in Korfu. Marsfeldt hat ganz andere Ziele: Mithilfe eines hypnotischen Werbespots mit Sonja als Medium will er einen Massenselbstmord auslösen. Ein Präludium dazu ist auch das Meditationsprogramm seines Clubs Theratos, der die Menschen auf den Tod vorbereitet. Das angebliche Wellnessrefugium, rund um die Uhr videoüberwacht, fungiert als Vorstufe zum Massaker. Ein ironischer Kommentar zum aufkommenden New-Age-Trend der 1990er Jahre und den extremen Auswüchsen von Sektenaktivitäten, wie sie in den USA spätestens seit dem von Jim Jones initiierten Massensuizid von Jonestown im November 1978 einer größeren Öffentlichkeit bekannt wurden.

Marsfeldt ist auch der Besitzer des Clubs Extinction, in dem eine Art Punk-Kultur vorherrscht. Mit Vergnügen sieht er den Verlorenen bei ihrem Todestanz zu, ihrem „flirt with oblivion" (wie es im Film heißt). Der Mabuse der Neunziger ist ein Nihilist, der den Tod vermarktet. Gleichzeitig ist Marsfeldt dem Tod permanent nah: er wird von einer komplizierten Apparatur am Leben erhalten, sein Herz ist eine Maschine aus Metall. Er weiß, dass es bald zu Ende gehen wird. Also soll es mit der Welt auch zu Ende gehen. Chabrol sagt in einem Interview dazu: „Die Hauptfigur [...] Marsfeld [sic] ist ein Erbe Mabuses, per Testament dazu bestimmt, den Geist der Zerstörung zu entwickeln".[20]

Nicht umsonst erwähnt Chabrol das Testament in diesem Zitat. Langs DAS TESTAMENT DES DR. MABUSE soll ihn einst dazu angeregt haben, Filmemacher zu werden. Auch sind sich beide Filme nicht unähnlich. Sowohl

---

20 Chabrol, Claude: Wettlauf der Bulldozer. SPIEGEL-Interview mit dem französischen Regisseur Claude Chabrol über seine Dreharbeiten an der Berliner Mauer. In: Der Spiegel 48 (1989). S. 214–217, hier S. 217.

DAS TESTAMENT DES DR. MABUSE als auch DR. M fallen in eine Zeit des Wandels. Das Testament in Langs Film ist die von Mabuse proklamierte „Herrschaft des Verbrechens", und die Geschichte sollte dieses Testament auf ihre ganz eigene Art interpretieren. Marsfeldt greift diese Grundidee auf und macht sich daran, wie es Mabuses schriftliches Vermächtnis vorsieht, Verbrechen zu begehen, die „keinen Nutzen bringen, die nur den einen Sinn haben, Angst und Schrecken zu verbreiten", sowie „ein[en] Zustand vollkommener Unsicherheit und Anarchie" aufzubauen „auf dem Ideal einer [...] Welt, die zum Untergang verurteilt ist." Marsfeldt zieht aus diesen (Langs Film entnommenen) Worten seine Lehre, und radikalisiert ihre Botschaft, indem er Hartmann und Sonja am Ende zuraunt: „I am nothingness. I leave you nothing." Auf die Herrschaft des Verbrechens folgt die Herrschaft des Nichts.

Marsfeldt sagt an einer entscheidenden Stelle: „I am the wall." Doch die Mauer existiert nur noch pro forma. Nicht nur, dass Besuche von Ost nach West mittlerweile möglich sind; ihre Informationen beziehen Ost wie West längst von denselben Medien. Damit betreibt DR. M eine ziemlich harsche Medienkritik, deren Inhalt über Filme wie Sidney Lumets NETWORK (1976) noch hinausgeht. Fernsehen als Massenhypnose ist ein eindeutiges Statement, das in seiner Rigorosität eher an David Cronenbergs VIDEODROME (1983) und dessen „Cathode Ray Mission" erinnert. Fernsehen nicht nur als ‚Grundnahrungsmittel' sondern auch als Befehlshaber über Leib und Leben. Von der Weltherrschaft, die Mabuse angestrebt hat, ist Marsfeldt nicht mehr weit entfernt. Das Fernsehen ist ebenso total wie totalitär. Und für Mabuse, auch das wird in DR. M deutlich, ist die Zukunft eine gigantische Spielwiese der Manipulation.

DR. M ist ein Film, der, vielleicht deutlicher als jeder andere Chabrol, seine Zeit kommentiert. Chabrol widmet sich hier nicht nur der Infrastruktur der Macht, sondern auch virulenten gesellschaftlichen Ängsten. Der Suizidwelle, die Berlin heimsucht, wird auf ungewöhnliche Art und Weise begegnet: der Selbstmord wird als ansteckende Krankheit stigmatisiert, und die Opfer werden mit Hasstiraden überschüttet: „We don't want your sickness!" Der Ost-Agent Moser (Hanns Zischler) vermutet hinter dem „Selbstmordvirus" sogar eine biologische Waffe, die von der eigenen Regierung hergestellt wurde. Eindeutige Parallelen zur Aids-Panik der späten 80er und frühen 90er, die Chabrol folgendermaßen kommentiert: „Ich möchte das so ausdrücken: ich fürchte Aids wie die Pest. Aber mit Aids haben sie durchaus versucht, uns Angst zu machen."[21]

Jeder Film reflektiert auf die eine oder andere Art seine Entstehungszeit, ob auf inhaltlicher oder formaler Ebene, das ist unvermeidbar. Doch die Mabuse-Filme stellen ihre Titelfigur stets in ein untrennbares Verhältnis zu ihrer Zeit. So hat sich die Figur eine Art Aktualität bewahrt, die sich zwar mit der Zeit abnutzt (und seit Chabrols Dr. M hat es keine großen Mabuse-Filme mehr gegeben), denn „einer veränderten (politischen) Kultur entspricht eine neue Generation von Horrorfiguren, Politthrillern oder -apokalyptikern"[22], als Resonanzfigur aber bleibt ihre Wirkung ungebrochen. Denn Mabuse als Figur, als Typus muss sich nicht verändern, wenn man annimmt, dass er für die geheimen, destruktiven Mächte steht, die auf eine Gesellschaft einwirken. Es ist die Zeit, die sich wandelt und *er*, der das für sich auszunutzen versteht. Seine Existenz als körperlose Präsenz dient dabei als verunsicherndes, paranoides Element:

> „The most spectacular feature of the Mabuse phenomenon is, ironically, the self-effacement and retreat into anonymity that conceal the workings of evil. The fact that the villain 'himself' does not exist leaves the question of blame floating uncomfortably in the air."[23]

Diese Leerstelle, dieses schwer zu Fassende soll hier fassbar gemacht, die Lesart von Jacques' Roman durch Fritz Lang hervorgehoben werden, und wie Figur sich schließlich verselbständigt hat, wie keine vor und nach ihr.

---

21 Claude Chabrol zit. nach Jansen, Peter W. u. Wolfram Schütte (Hrsg.): Claude Chabrol. 2. Auflage. München, Wien: Carl Hanser Verlag 1986 (Reihe Film; 5). S. 120.
22 Scholdt, G.: Mabuse, ein deutscher Mythos. S. 359.
23 Butler, Erik: Dr. Mabuse. Terror and Deception of the Image. In: The German Quaterly 4 (2005). S. 481–495, hier S. 492.

Der deutsche Fantômas?

Ein Werk, das für die vorliegenden Ausführungen wichtige Vorarbeit geleistet hat, ist Brandlmeiers Essay *Fantômas. Beiträge zur Panik des 20. Jahrhunderts*. Fantômas, der französische Superschurke, der von den beiden Journalisten Pierre Souvestre und Marcel Allain erfunden und zunächst als Feuilletonroman zwischen 1911 und 1913 abgedruckt wurde[24], ist ein wichtiger Faktor zum Verständnis der Mabuse-Figur. In seiner Einleitung charakterisiert Brandlmeier die Figur folgendermaßen:

> „Das Phänomen Fantômas bedient die unterschiedlichsten Bedürfnisse. Kern der Faszination ist die kindliche Allmachtsfantasie [...]. Fantômas [...] ist aber auch Wunscherfüllungsgehilfe, gehört zu den guilty pleasures, die in Tabuzonen vordringen, verborgene Wünsche und erotische Träume ansprechen. Fantômas ist aber noch mehr, er gehört zur Mythologie des 20. Jahrhunderts. Er ist eine Figur, die so gut zur Panik des 20. Jahrhunderts passt, dass sie – wie man so schönt sagt – erfunden werden musste. Fantômas ist der schwarze Mann, der alle Ängste der Bürger zusammenfasst, besitzt aber auch eine Faszination, die ganz diffus ist: von der schwarzen Fahne der Anarchisten bis zum schwarzen Hemd der Faschisten."[25]

Eine Analogie zu Dr. Mabuse wird geradezu herausgefordert. Zwar ist Fantômas in seiner ganzen Erscheinung weitaus archetypischer und mehrdeutiger, doch auch Mabuse ist nicht nur als Charakter interessant, sondern als Projektionsfläche. Beide Figuren reflektieren die Zeit ihrer Entstehung, ihren technischen Fortschritt, ihre politischen Umbrüche. Zunächst einmal ist da „die Faszination, die bürgerlichen Zwänge hinter sich zu lassen. Gut und Böse sind enterbt."[26] Allein die Tatsache, dass der Serienheld Fantômas ein Verbrecher ist, der Protagonist sich somit nicht um herrschende Moral- und Ethikvorstellungen zu kümmern braucht, ist bezeichnend. Auch Mabuse ist in Jacques' Roman zweifellos der Protagonist oder zumindest die zentrale Figur, um die sich die Handlung dreht. Seinen Taten, seinen Verbrechen, seinen Methoden und seiner Skrupellosigkeit wird größte Aufmerksamkeit zuteil. Über Mabuses Pläne und Charakter erfährt der Leser viel mehr als

---

24 Vgl. Brandlmeier, Thomas: Fantômas. Beiträge zur Panik des 20. Jahrhunderts. Berlin: Verbrecher Verlag 2007 (Filit; 1). S. 12.
25 Ebd., S. 3.
26 Ebd., S. 14.

über den vergleichsweise blassen Helden, den Staatsanwalt von Wenk, der als Vertreter von Recht und Ordnung eintritt. Es steckt also ein voyeuristisches Vergnügen in der Darstellung des Bösen, des Schurken, der auch literarisch viel mehr Entfaltungsmöglichkeiten bietet.

Fantômas ist meist maskiert und erscheint in seinem ostentativen Willen zum Bösen als provozierende Leerstelle, die man mit Ängsten und Wünschen ausfüllen kann. Auch seine Fähigkeit, sich zu verkleiden und so in der Menge zu verschwinden, hebt die Lesart der Figur als Metapher deutlich hervor.

Mabuse erbt die Verkleidungskünste seines französischen Gegenparts. In *Dr. Mabuse, der Spieler* (im Folgenden: *Der Spieler*) erscheint er mal als Spieler im Casino, mal als Psychologe, schließlich als Hypnotiseur. Dabei kann er mal als junger, mal als alter Mann erscheinen. Anders als Fantômas, der sprichwörtlich als jedermann auftauchen kann, versteckt sich Mabuse meist hinter bürgerlichen Figuren, hinter Doktortiteln, die auf Status und Autorität deuten.

Fantômas und Mabuse erweisen sich beide als ihrer Zeit zugehörig. Sie nutzen die technischen Errungenschaften, die der Fortschritt mit sich bringt, und verleihen ihm so eine negative Konnotation. „Technik dient der Gewalt und dem Verbrechen"[27], bringt es Brandlmeier auf den Punkt. Mabuse bedient sich zum Beispiel eines Amphibienfahrzeugs. Autos, Flugzeuge und Giftgas finden ebenfalls Verwendung. Der Erste Weltkrieg hat die vernichtenden Aspekte moderner Technik überdeutlich in den Fokus gerückt, doch schon in den Fantômas-Romanen finden sich derartige Bezüge: „Aufzüge dienen zum Transport von Leichen. [...] Mit Füllfederhaltern kann man tödliches Gift verspritzen. [...] Eine Abendgesellschaft wird mit Giftgas niedergestreckt. [...] Im bürgerlichen Salon steht eine Kanone für den Hausgebrauch."[28]

Der Verweis auf die Technik ist ein wichtiges Mittel zur Verortung des Geschehens. Fantômas und Mabuse sind ausdrücklich Figuren ihrer Zeit, die deren Autoren teils mit grotesken Mitteln beschreiben und übertreiben. Man könnte mit Norbert Grob sagen, dass „das Selbstverständliche der Mobilität, die Technisierung der Alltagswelt, die Maskierung als Strategie der

---

27 Ebd., S. 27.
28 Ebd.

Anonymisierung", die beide Figuren thematisieren, „Motive der Moderne"[29] sind. Damit stehen Fantômas und Mabuse auch in Einklang mit den modernen künstlerischen Strömungen ihrer Zeit. Daher betont Brandlmeier auch, dass Fantômas den französischen Surrealismus vorausdeutet.[30] Ado Kyrou hat beispielsweise Gemeinsamkeiten der Romane mit der surrealistischen „écriture automatique" festgestellt.[31] Souvestre und Allain haben, unabhängig voneinander, stets mit einem Diktaphon gearbeitet, abgetippt und zusammengeführt wurde es von deren Sekretärinnen. Brandlmeier fasst zusammen: „Die Frage nach der Autorenschaft ist da außerliterarisch."[32] Jacques' *Der Spieler* hingegen ist, zum Teil, durchaus eine Reaktion auf den deutschen Expressionismus, den Jacques äußerst kritisch gesehen hat: „Deutsche Schriftsteller gingen so weit, daß sie in dem sog. Expressionismus eine Möglichkeit schufen, überhaupt das, was zu sagen war, vermittels einer Geheim- und Schlüsselsprache dem Verständnis vorzuenthalten".[33] Jacques spricht sich hier für eine konventionelle Art des Erzählens aus, die einen direkten Weg zum Leser findet, anstatt mit rhetorischen Mitteln immerzu Ambiguität zu erzeugen. Doch wirft man einen Blick auf Jacques' Roman, merkt man, dass auch dieser mit dem expressionistischen Stil verwandte Züge hat. Da ist zunächst einmal das Interesse für einen Außenseiter der Gesellschaft, für den Verbrecher.[34] Des Weiteren passt Mabuse in die expressionistische Konzeption vom „neuen, ganz anderen Menschen", der „die Ketten bürgerlicher Normen und die Zwänge der Moderne zugunsten einer freien Entwicklung seiner Lebenskräfte sprengt", für den Nietzsches Übermensch als Ideal angesehen wird.[35] Mabuse hingegen wird gerne als „Brachialversion von Nietzsches Übermenschen"[36] bezeichnet, deren prägnanteste Merkmale

---

29 Grob, N.: Fritz Lang. S. 121.
30 Vgl. dazu Brandlmeier, T.: Fantômas. S. 32–34.
31 Vgl. Ebd., S. 54.
32 Ebd., S. 41.
33 Jacques, Norbert: Dr. Mabuse. In: Dr. Mabuse, der Spieler. Hg. v. Michael Farin und Günter Scholdt. Reinbek bei Hamburg: Rowohlt, 1996. S. 264–272, hier S. 265–66.
34 Vgl. Bogner, Ralf Georg: Einführung in die Literatur des Expressionismus. Darmstadt: Wissenschaftliche Buchgesellschaft 2005. S. 66.
35 Ebd., S. 27–28.
36 Schmiedt, Helmut: Dr. Mabuse, Winnetou & Co. Dreizehn Klassiker der deutschen Unterhaltungsliteratur. Bielefeld: Aisthesis, 2007. S. 171.

der autoritäre Zug, der Machthunger und die soziale Selektion sind: eine Lesart des Übermenschen also, der diesen durchaus auch in der Nähe des Dritten Reiches verortet. Inwieweit sich die expressionistische Sichtweise auf den Übermenschen mit dem des Dritten Reiches deckt, soll hier nicht näher erläutert werden. Doch die Berührungspunkte des Expressionismus mit der Nazi-Ideologie sind nicht zu leugnen.[37]

Jacques selbst sieht Mabuse eher unpolitisch als „Verherrlichung der individuellen Kraft"[38], eine Kraft, die in *Der Spieler* noch einen konkreten Plan verfolgt (die kriminelle Anhäufung von Kapital für die Errichtung eines eigenen Reichs im brasilianischen Urwald), aber in der Filmfortsetzung DAS TESTAMENT DES DR. MABUSE bereits anarchistische, um nicht zu sagen terroristische Grundzüge hat. Für Enno Patalas ist die Figur daher auch „eher ein Subversiver als ein Autokrat."[39] Dies macht ihn wiederum zu einem Geistesverwandten von Fantômas, der „Verbrecher und Anarchist zugleich"[40] ist. Beide spielen mit den gesellschaftlichen Strukturen, unterminieren sie, verspotten sie und zeigen gleichzeitig deren Makel auf.

Brandlmeier schreibt zur Beziehung von Fantômas mit der französischen Gesellschaft: „Gut und Böse sind enterbt. Die bürgerliche Moral liegt vergiftet am Boden. Der Staat ist ohnmächtig."[41] Die Passage charakterisiert zugleich treffend das Verhältnis von Mabuse zur Weimarer Republik. Während in den Lokalen und den Theatern eine lockere Moral, wie sie in den Ausstattungsrevuen seinerzeit populär war, vorherrscht, und eine neu gegründete Republik u.a. bereits mit den Folgen von Versailles und der Inflation zu kämpfen hat, betritt eine neue dunkle, übergroß anmutende Figur das Spielfeld, um schuldlose wie schuldbeladene Bürger in Angst und Schrecken zu versetzen: Mabuse.[42] Er ist ein Profiteur der chaotischen Zustände, doch

---

37 Vgl. Bogner, R. G.: Einführung in die Literatur des Expressionismus. S. 33–34.
38 Jacques, N.: Dr. Mabuse. S. 268.
39 Patalas, E.: Kommentierte Filmografie. S. 89.
40 Brandlmeier, T.: Fantômas. S. 14.
41 Ebd.
42 So versucht zumindest ein – überdeutlich an die berühmte Umschlagabbildung des ersten Fantômas-Romans angelehntes – Plakat zur Filmpremiere von *Der Spieler* den Protagonisten in Szene zu setzen, vgl. Schmid, Hans: Herrschaft des Verbrechens. In: Das Testament des Dr. Mabuse. Hg. v. Michael Farin und Günter Scholdt. Reinbek bei Hamburg: Rowohlt 1997. S. 360–387, hier S. 361f.

scheint er sich darüber hinaus nicht für die Gesellschaft zu interessieren, zumindest nicht in *Der Spieler*.

Fantômas' Charakter, so undurchsichtig er auch ist, folgt einem ganz anderen Temperament als Mabuse: Er ist der Genießer, der Spaß am Verbrechen hat. Seine berühmten Visitenkarten, seine manchmal etwas zu umständlichen Pläne verdeutlichen die diebische Freude, mit der er sich an seine Arbeit macht. Fantômas betreibt Verbrechen als Sport, und Paris ist sein Sportplatz. Mabuse hingegen begeht Verbrechen, weil ihm das der Durchsetzung seines Willens näher bringt. Gleichzeitig ist er ein heimlicher Aussteiger, der seinen kolonialen Traum von seinem im Entstehen begriffenen Reich Eitopomar lebt. In einer Passage aus *Der Spieler* preist er den Dschungel und verflucht Europa: „Er konnte nicht leben in diesen Ländern. Er fühlte sich wie in eine Weide eingespannt. Gras fressen wie die dummen Kühe! Das vorgeschriebene, eingehegte Gras! Nein! So vermochte er nicht zu leben."[43]

Hier zeigt sich der Individualist und Nonkonformist Mabuse, der sich der Gesellschaftsordnung nicht beugen will. Und doch teilt er nicht die Freude des Anarchisten Fantômas. Mabuse betreibt seine spektakulär anmutenden Verbrechen nicht, um aufzufallen. Ganz im Gegenteil, er verkleidet sich, um nicht erkannt zu werden, um mit seiner Umgebung zu verschmelzen. Fantômas jedoch wird früher oder später in der Erzählung sichtbar und das mit voller Absicht. Seine extrovertierte Art wird durch die Darstellung von René Navarre in Louis Feuillades Stummfilmreihe um Fantômas besonders deutlich.[44]

Dass Fritz Lang die FANTÔMAS-Filme von Feuillade gekannt haben muss, werde deutlich, so Brandlmeier, wenn man sich die Verwandtschaft der Fantômas-Sujets zu Langs SPIONE (1928), MINISTRY OF FEAR (1944) oder seinem von ihm selbst verfilmten Roman *Die Spinnen* (1920) vergegenwärtige.[45] So erscheint es beinahe zwangsläufig, dass Lang früher oder später auf Norbert Jacques treffen würde, der „Fantômas germanisiert und auf

---

43 Jacques, N.: Dr. Mabuse, der Spieler. S. 59.
44 Bezeichnend hierfür auch die an Theatertraditionen anknüpfende Figureneinführung zu Beginn der einzelnen Teile, in der Navarre bereits in seinen späteren Verkleidungen auftritt, um seine Verwandlungskünste zu demonstrieren (der Zuschauer weiß also bereits vor den anderen Figuren, wer sich hinter der jeweiligen Maske verbirgt).
45 Vgl. Brandlmeier, T.: Fantômas. S. 119–20.

die Wirren der Weimarer Republik"[46] übertragen hat. Interessant ist die indirekte Charakterisierung von Mabuse, die Brandlmeier hier gibt: Mabuse als „germanisierter Fantômas". Hier wird deutlich, dass die Nationalität der beiden Figuren keinesfalls unerheblich ist, wenn man ihre Funktion untersucht.

Fantômas hat Norbert Jacques in jedem Fall beeinflusst, ob als Roman oder als Film sei dahingestellt. Doch auch wenn Jacques mit Mabuse einen deutschen Fantômas kreiert hat, dann hat er den französischen nicht lediglich plagiiert oder karikiert. Jacques hat verstanden, dass die Geschichten um Fantômas auf ihre Zeit und Umgebung reagiert haben. Ein deutscher Fantômas muss demnach in einem ganz eigenen, *deutschen* Kontext wirken – und von diesem hat sich die Figur im Laufe ihrer Geschichte nie gelöst. Mit diesem geographischen Bezug geht natürlich zugleich ein gesellschaftspolitischer einher, man muss sich nur die Themen von DIE 1000 AUGEN DES DR. MABUSE, SCREAM AND SCREAM AGAIN, DAS SCHLANGENEI und DR. M in Erinnerung rufen. Das ruft Scholdts These wach, Mabuse sei ein deutscher Mythos.[47] Trotzdem setzt sich dieser aus internationalen Quellen zusammen.

---

46 Ebd., S. 119.
47 Scholdt, G.: Mabuse, ein deutscher Mythos. S. 359.

Die Nachtseite des Mesmerismus

Dr. Mabuse hat seinen Ursprung in den modernen Mythen des beginnenden 20. Jahrhunderts. Eine Inspiration, die dabei nicht unterschätzt werden darf, ist die Figur des Hypnotiseurs[48] Svengali, eine Erfindung des Zeichners und Schriftstellers George Du Maurier. Sein Roman *Trilby* (1894) handelt von dem Aktmodel selben Namens, das in die Fänge des Musiklehrers und Hypnotiseurs Svengali gerät. Dieser verwandelt die wunderschöne Trilby, mithilfe seiner mesmeristischen Fähigkeiten, in eine charismatische Sängerin, die ihm so zu Ruhm und Reichtum verhilft.

Trilby war ein überaus erfolgreicher Roman des Fin de Siècle, ein Bestseller seiner Zeit. Dessen jüdischer Schurke Svengali „entered the cultural mythology of the *fin de siècle* along with Dracula, Nora, and Sherlock Holmes."[49] Heute ist der Roman eher obskur, doch um die Jahrhundertwende war er sehr bekannt und hat u.a. Theaterstücke, Parodien und Verfilmungen nach sich gezogen. Die heute bekannteste Verfilmung trägt den Titel SVENGALI (1930) und beruft sich vor allem auf die sensationalistischen und antisemitischen Aspekte des Romans. Vor allem die Filme stellen antijüdische Ressentiments aus. Svengali ist der Prototyp des *wandering jew*, der ein Nomadenleben führt und meist nichts Gutes im Schilde führt. Einerseits ist er eine sinistre Gestalt, andererseits auch eine Witzfigur, die von ihrem Umfeld als bettelnder Nutznießer wahrgenommen wird, die niemals ihre Schulden zurückzahlt und noch nie in ihrem Leben ein Bad genossen hat.

Die Erzählung des Romans widmet sich den destruktiven Kräften des Mesmerismus, der, wie die Psychoanalyse, Thema skandalträchtiger Debatten war. Du Mauriers „fascination with the powers of the unconscious mind anticipates current debates over art and psychoanalysis."[50]

---

48 Im Folgenden werden die Begriffe Hypnose und Mesmerismus synonym verwendet.
49 Shoewalter, Elaine: Introduction. In: George Du Maurier: Trilby. New York: Oxford University Press 2009. S. vii-xxi, hier S. vii.
50 Ebd., S. ix.

Da Mabuse sich der Psychoanalyse verschrieben hat und ebenfalls über mesmeristische Fähigkeiten verfügt, muss an dieser Stelle auch Franz Anton Mesmer erwähnt werden, der den Mesmerismus als „Technik zur Menschenführung"[51] in der zweiten Hälfe des 18. Jahrhunderts entwickelt hat. Auch wenn sich Mesmers Forschungen auf diesem Gebiet „wissenschaftlich-aufgeklärt"[52] präsentierten, wurden sie doch zu seiner Zeit weitgehend abgelehnt und als gefährlich und okkult eingestuft. Die Literatur ihrer Zeit hat sich vor allem der „Nachtseite"[53] dieser Wissenschaft angenommen, wenn man sich zum Beispiel die berühmte Kurzgeschichte *The Facts in the Case of M. Valdemar* (1845) von Edgar Allan Poe vor Augen führt, in der es um einen Toten geht, der, in einem Zustand der Hypnose verharrend, nicht endgültig sterben kann, bis man ihn aus diesem Zustand entlässt und er sich kurz darauf auflöst. Eine weiteres beliebtes Motiv, das Mesmeristen involvierte, handelt von „ungeliebte[n] Magnetiseure[n]", die mit Hilfe ihrer Einflußkraft Frauen für sich gewinnen"[54], welches sich bei E.T.A. Hoffmann ebenso findet wie in zwei Bestsellern der Jahrhundertwende, *Dracula* und *Trilby*.

Es ist wahrscheinlich, dass Norbert Jacques zumindest der Trilby-Stoff bekannt war, entweder durch Du Mauriers Roman oder durch Maurice Tourneurs Film TRILBY (1915), der 1917 auch in Berliner Kinos zu sehen war.[55] Das Sujet war also in Deutschland kein unbekanntes.

Svengali und Mabuse haben auf den ersten Blick wenig gemeinsam. Svengali ist ein Künstler, ein Musiker, der zunächst schlecht über die Runden kommt, bis er aus dem von ihm begehrten Mädchen Trilby eine fantastische Sängerin macht. Er ist auf der Suche nach Ruhm, Reichtum und Liebe. Er möchte innerhalb des gesellschaftlichen Systems Anerkennung finden, die ihm ansonsten durch eine Vielzahl von Gründen verwehrt bleibt, sei es durch seinen bösartigen Charakter oder seine jüdische Herkunft. Mabuse hingegen lehnt die Gesellschaft als solche ab, er hat keinerlei Wunsch sich zu

---

51 Kollak, Ingrid: Literatur und Hypnose. Der Mesmerismus und sein Einfluß auf die Literatur des 19. Jahrhunderts. Frankfurt, New York: Campus Verlag 1997. S. 8.
52 Ebd., S. 58.
53 Ebd., S. 8. Hervorhebung durch die Verfasserin.
54 Ebd., S. 125.
55 Vgl. Kracauer, Siegfried: Von Caligari zu Hitler. Eine psychologische Geschichte des deutschen Films. Berlin: Suhrkamp 2012 (Werke; 2.I). S. 445.

assimilieren. Svengalis Taten verraten seine bürgerlichen Ambitionen, er ist im direkten Vergleich mit Mabuse nur ein Kleinganove. Doch es gibt auch Überschneidungen. Beide sind deutscher Herkunft, sind Männer höherer Bildung und verfügen über eine ausgeprägte narzisstische Persönlichkeit. Mabuse hat einen Vasallen namens Spoerri, der ihm blind gehorcht, sich aufgrund seiner schwachen Persönlichkeit Mabuses Autorität vollständig unterwirft. Svengali hat mit seinem Schüler Gecko eine Beziehung, die von einer ähnlichen Dynamik ist. Gecko ist Svengali dankbar dafür, dass dieser ihm das Spielen auf der Violine beigebracht hat und ordnet sich ihm daher stets unter. Doch Du Maurier macht aus Svengali einen tragischen Tyran- nen, dessen Leben als „long, hard struggle"[56] beschrieben wird. Auch die Frau, die er in seinem Bann hält, gibt ihm keine Befriedigung: „He had for his wife, slave, and pupil a fierce, jealous kind of affection that was a source of endless torment to him."[57] Eine solche Schwäche ist Mabuse (zumindest dem Mabuse aus dem ersten Teil von *Der Spieler*) nicht zuzutrauen. Auch er begehrt in *Der Spieler* eine Frau und zwar die Gräfin Told. Während Svengali ganz auf seine hypnotischen Kräfte angewiesen ist, um Trilby in seinen Bann zu ziehen, nimmt sich Mabuse einfach, was er will. Er raubt seine Herzensdame schlicht und ergreifend. Und erst wenn sie sich in seiner Gewalt befindet, beginnt er sie zu bearbeiten. Doch ob es seine Kräfte sind oder sein Wille, der die Frauen anzieht, bleibt unbeantwortet. Als die ver- wirrte Gräfin Told Mabuse fragt, was er mit ihr gemacht habe, antwortet er: „Was sie mit sich geschehen ließen!"[58] Svengalis Macht über die Frau ist also einzig seinen Fähigkeiten geschuldet, während Mabuse selbst über eine Anziehung verfügt, die nicht rein künstlich hervorgerufen wird:

> „Sie war seine Beute. Dieser Vorstellung gab sie sich mit einer wollüstigen Angst hin. Sie gehörte dem stärksten Mann, den ihre Augen jemals gesehen hatten. Wie konnte sie sich wehren? Er hatte sie einfach genommen. Gab es Männer, deren Wille genügte, ohne Berührung eine Frau zu nehmen?"[59]

Diese Gedanken gehen der Gräfin Told durch den Kopf, nachdem sie von Ma- buse entführt und in sein Domizil gebracht wurde. In dieser Passage wird die

---

56 Du Maurier, George: *Trilby*. New York: Oxford University Press, 2009. S. 245.
57 Ebd.
58 Jacques, N.: Dr. Mabuse, der Spieler. S. 161.
59 Ebd., S. 157.

zur Schau gestellte Männlichkeit von Mabuse deutlich, die sofort angst- und respekteinflößend auf die Gräfin wirkt. In ihren Worten schwingt sogar eine Art Bewunderung für einen Mann mit, der über einen derart starken Willen verfügt. Natürlich könnte dieser Eindruck auch der Hypnose zugeschrieben werden, unter der die Gräfin steht. Hier bleibt Jacques ambivalent. Doch dies ist nur eine von vielen Passagen, die die Männlichkeit Mabuses hervorheben. Diese scheint eine unheilige Allianz mit seinen hypnotischen Fähigkeiten einzugehen, aus der sein besonders emphatischer Wille hervorgeht.

Svengalis Beziehung zur hypnotisierten Trilby ist insofern nicht authentisch, weil konstruiert: „[...] Trilby was just a singing-machine [...] just the unconscious voice that Svengali sang with."[60] Ein Verhältnis, das an Nathanaels Beziehung zum Automatenmädchen Olimpia in Hoffmanns *Der Sandmann* erinnert.

Bei allen offensichtlichen Unterschieden zwischen Svengali und Mabuse verbindet beide Figuren zum einen die Faszination für Mesmerismus und zum anderen ihre mythische Dimension. Norbert Jacques vereint in *Der Spieler* zwei umstrittene Teilbereiche der Naturwissenschaften (beziehungsweise die daraus resultierenden Behandlungsmethoden), den Mesmerismus und die Tiefenpsychologie, die sich beide mit dem Unbewussten beschäftigen – jedoch unter unterschiedlichen Vorzeichen. Statt, wie im Mesmerismus, das Unbewusste als Quelle der „Kraft, Krankheiten zu überwinden" zu identifizieren, besetzt Sigmund Freud das Unbewusste als „Sitz der Krankheit oder der Aktivität, die zur Erkrankung führt."[61] Auch der berühmte Begründer der Psychoanalyse hat im Übrigen mit Hypnose experimentiert.[62] So ist der Zusammenschluss beider Disziplinen, wie sie Jacques vornimmt, nicht willkürlich, sondern hat Methode. Vermutlich steht er beiden Disziplinen eher kritisch gegenüber ob ihrer modernen, aber auch geheimnisvollen Elemente, sodass er den Mesmerismus wie die Psychoanalyse eher negativ besetzt.

Interessant ist, wie sich sowohl Svengali als auch Mabuse im Laufe ihrer Rezeptionsgeschichte weiterentwickelt haben. *Trilby* hat eine ganze Reihe von Werken inspiriert, die sich der Nebenfigur Svengali angenommen und sie in ihrer Diabolik und ihren jüdischen Stereotypen exaggerierten. Ist dieser

---

60 Du Maurier, G.: Trilby. S. 299.
61 Kollak, I.: Literatur und Hypnose. S. 120–21.
62 Vgl. ebd., S. 121.

bei Du Maurier noch eine, zwar bösartige, aber ungleich tragischere Gestalt, verwandelt er sich spätestens in den Filmen von Tourneur und vor allem Mayo in eine Horrorfigur, die in ihrem Aussehen fast genauso angsteinflößend wirkt, wie in ihren hypnotischen Kräften.

Mabuse wurde zunächst vor allem von Fritz Lang und seiner Drehbuchautorin (und späteren Lebensgefährtin) Thea von Harbou weiterentwickelt, um nicht zu sagen verändert, und einem großen Kinopublikum bekannt gemacht. Das hat wiederum Jacques bewogen, Mabuse als literarische Figur wiederzubeleben und in seinen Romanen *Ingenieur Mars* (1923) und *Chemiker Null* (1931/34) zu einem ikonischen Schurken zu machen. Langs *Das Testament des Dr. Mabuse* entwickelt die Figur endgültig weg von einer klassischen Figurenkonzeption zu einer Idee des Bösen, einem „system of spectacular power whose strategies are continually changing but whose aim of producing ‚docile' subjects remains relatively constant."[63]

Während sich Svengali sich also von einer tragischen Nebenfigur zu einem Symbol für die Kräfte der Manipulation entwickelt, verwandelt Mabuse sich von einem (un)gewöhnlichen Schurken in ein verkörpertes System des Terrors.

Doch beide sind sie Außenseiter, die sich durch ihre Talente und ihre Charakteristika stark von der Gesellschaft, in der sie leben, abheben. Während Svengali erfolglos nach Anerkennung strebt, lehnt Mabuse die Gesellschaft ab: an ihrem Status als außerhalb der Gesellschaft Stehende ändert sich somit nichts. Die jüdische Herkunft von Svengali ist dabei ein wichtiger Faktor, da sie seinen Außenseiterstatus kennzeichnet, mehr noch, ihn definiert. Du Maurier führt Svengali folgendermaßen ein:

„First, a tall bony individual of any age between thirty and fortyfive, of Jewish aspect, well-featured but sinister. He was very shabby and dirty […]. His thick, heavy, languid, lustreless black hair fell down behind his ears to his shoulders, in that musician-like way that is so offensive to the normal English-man. He had bold, brillant black eyes, with long heavy lids, a thin, sallow face, and a beard of burnt-up black, which grew almost from under his eyelids; and over it his moustache, a shade lighter, fell in two long spiral twists."[64]

---

63 Crary, Jonathan: Dr. Mabuse and Mr. Edison. In: Art and Film Since 1945: Hall of Mirrors. Hg. v. Russell Ferguson. Los Angeles, New York: The Monacelli Press 1996. S. 262–279, hier S. 271.
64 Du Maurier, G.: Trilby. S. 11.

Diese detailreiche, sichtlich vom Rassendiskurs des ausgehenden neunzehn-
ten Jahrhunderts beeinflusste Beschreibung verdeutlicht, wie Du Maurier
die jüdische Herkunft Svengalis in dessen gesamter äußerer Erscheinung ver-
ankert, ihn somit bereits äußerlich zum Außenseiter macht. Auffallend sind
die antisemitischen Beschreibungen, etwa die Kommentare zur Hygiene.
Bezeichnend auch Svengalis individuelle Gesichtszüge, die eine Durchset-
zungskraft und Männlichkeit suggerieren, die dem „normal English-man"
bedrohlich scheinen.

Die Physiognomie ist auch für die Konzeption der Mabuse-Figur von entscheidender Bedeutung. Norbert Jacques schreibt, wie er auf einer Dampf-
schifffahrt von Lindau nach Konstanz einem Passagier begegnet ist, dessen
Aussehen ihn unmittelbar zu der Mabuse-Figur inspiriert hat:

> „Er mochte hinter den 50 sein. Er war von gedrungener Gestalt, breitbrüstig, ele-
> gant und einfach gekleidet. [...] Ein großer, mächtig zusammengehaltener Schädel,
> glatt geschoren. Die Nase stark und wohlgeformt... Die Nase eines Menschen
> hat immer etwas Führendes. Es ist, als ginge sie dem Gesicht, der Gestalt, dem
> Wesen des Menschen voran ... ein sinnbewußter Führer. Die Augen über der Nase
> hatten Brauen wie dunkle drohende Gewölbe. Der Blick, der wie aus einer Tiefe
> darunter hervorkam, war schwer, von einem verhaltenen Eis und Feuer. Diese
> Augen schienen die vorbeigehenden Menschen, die in ihren Kreis kamen, nicht
> anzuschauen, sondern anzufallen. [...] Und das Kinn, wie ein Balken vorgebaut,
> zeigte die rücksichtslose Stoßkraft einer Energie, die zum Letzten befähigte."[65]

Mabuse verkörpert bereits die Macht oder die individuelle Kraft. Diese
Eigenschaften sind in sein Gesicht eingraviert. Die Nase verrät schon den
„sinnbewußten Führer". Das Kinn zeigt die Rücksichtslosigkeit, die Ent-
schiedenheit seines Willens. In diesem Sinne sind Svengali und Mabuse
das, was sie zu sein scheinen. Ihnen ist keine komplexe Psychologie zu
eigen, auch wenn ihre Konzeption weitaus vielschichtiger angelegt ist als
die von am Reißbrett entworfenen Schurken, zum Beispiel der Bösewichte
der James-Bond-Filme. Ihre Physiognomie erzählt alles über sie und grenzt
sie automatisch von ihren Zeitgenossen ab. Und in beiden Fällen scheint
die Physiognomie auf eine jüdische Herkunft zu deuten. Denn auch wenn
Mabuse oft von Kritikern als „Antizipation des künftigen ‚Führers'"[66],

---

65 Jacques, N.: Dr. Mabuse. S. 270–71.
66 Scholdt, G.: Mabuse, ein deutscher Mythos. S. 367.

sprich: Adolf Hitlers, angesehen wurde, verfügt er doch über Eigenschaften, die ihn in einem semitischen Umfeld verorten. David Kalat schreibt dazu: „Mabuse's hypnotic skill and seemingly paranormal powers were traits that in this stereotype would mark him as a diabolical Jew."[67] Auch seine Verkleidungskünste verweisen auf eine vermeintliche jüdische Eigenschaft, „since the Nazis believed that Jews disguised themselves as ordinary Germans in order to infiltrate and advance their own racial agenda. Hitler accused Jews of being hidden masterminds, phantoms working in secret to destroy the world."[68] In einer solchen Lesart funktioniert also auch Mabuse als Verkörperung „of any number of anti-Semitic stereotypes."[69] Er ist ein Außenseiter und der Jude war der ultimative Außenseiter, der ‚ideale' Sündenbock in der Zeit der Weimarer Republik. Diese Lesart wirft auch einen anderen Blick auf Mabuse als baldigen Emigranten, der letztendlich alles dafür tut, um Deutschland zu verlassen.

Als Joseph Goebbels DAS TESTAMENT DES DR. MABUSE verboten hat, so tat er dies nicht, weil er in Mabuse eine an Hitler angelehnte Führerfigur erkannte, sondern weil ihm die Prämisse, dass eine kriminelle Bande mit ihren Methoden den Staat stürzen könnte, als gefährlich erschien.[70] Nach Fritz Langs umstrittener Aussage wollte Goebbels, dass Mabuse von der „Volkswut"[71] besiegt werden sollte, ein Ende, das an Langs vorherigen Film M – EINE STADT SUCHT EINEN MÖRDER erinnert. Da war es der von Peter Lorre gespielte Kindermörder, der sich einem von der Unterwelt organisierten Gerichtsverfahren stellen musste. Der Kindermörder ist ebenso ein idealer Sündenbock, der den Zorn der gesamten Gesellschaft auf sich zieht. Polizei wie Unterwelt, der Staat wie der ‚Staat im Staate' sind sich im Stillen darüber einig, dass der Kindermörder unschädlich gemacht werden musste. Auf dieses ‚Feindbild' können sich Staat wie Verbrecher einigen. Ein ähnliches Ende mag Goebbels für DAS TESTAMENT DES DR. MABUSE vorgeschwebt haben. Mabuse würde insofern eine ähnliche Sündenbockfunktion innehaben wie der Kindermörder.

---

67 Kalat, D.: The Strange Case of Dr. Mabuse. S. 284.
68 Ebd., S. 284–85.
69 Ebd., S. 285.
70 Vgl. Ebd., S. 76.
71 Fritz Lang zit. nach Grob, N.: Fritz Lang. S. 187.

Dabei sei erwähnt, dass Autor Norbert Jacques von konservativen Re-zensenten für seine vermeintliche „Verherrlichung des Verbrechens"[72] in *Der Spieler* als Jude „beschimpft" wurde.

Die scheinbar paradoxe Doppelfunktion von Mabuse als stereotypem Juden und Führerfigur erklärt sich aus der Beschaffenheit der Figur als „system", wie Jonathan Crary es ausgedrückt hat, als Metapher für ver-borgene Macht und autoritären Terror. Die Nazis haben die Juden stets als heimliche Strippenzieher des, vor allen Dingen finanziellen, Weltgeschehens gesehen, die ihren Terror auf die deutsche Bevölkerung ausübten. Und heute sieht man die Nazis als Symbol von mehr oder weniger verborgener Macht (zumindest bis zur Machtergreifung 1933) und staatlicher Autorität.

Je diffuser Mabuse als Figur auftritt, je weniger er einen eindeutigen Charakter darstellt, umso offener wird auch seine Konzeption.

---

72 Scholdt, G.: Der Fall Norbert Jacques. S. 291.

Phantasmagorien der Moderne

Auch wenn Mabuse nicht einem Werk der Schauerliteratur oder Weird Fiction entsprungen ist, so vereint Jacques in *Der Spieler*, und bis zu einem gewissen Grad auch Lang in seiner Verfilmung, Schauermotive, Anklänge des Mysteriösen und Horrorelemente, ohne diese jedoch gänzlich auszuspielen. Die makabren Elemente dienen vor allem der Dämonisierung und des Hervorhebens der geheimnisumwitterten Persona Mabuses. Jacques nennt ihn in *Der Spieler* häufig einen Werwolf. Der Doktor charakterisiert sich vor der Gräfin Told, der Frau, die er begehrt, folgendermaßen: „Ich bin ein Werwolf. Ich sauge Menschenblut in mich! Jeden Tag brennt der Haß alles Blut auf, das mir in den Adern läuft, und jede Nacht sauge ich sie mit einem neuen Menschenblut voll."[73] Der Werwolf mag auf das Doppelleben des Doktors verweisen, ist er doch tagsüber Psychologe und befehligt nachts eine florierende Verbrecherorganisation. Das erinnert wiederum an die Dualität von Robert Louis Stevensons Dr. Jekyll, der sich nachts in seinen finsteren Doppelgänger Mr. Hyde verwandelt. Mabuse jedoch ist sein eigener Doppelgänger, weil seine bürgerliche Existenz als Arzt lediglich eine Fassade darstellt. Sein Selbstbild als Werwolf scheint in diesem Fall mehr sein antagonistisches Verhältnis zu den Menschen zu beschreiben als ihn selbst.

Seine Formulierungen evozieren hingegen eher das Bild des Vampirs. Tatsächlich gibt es einige Gemeinsamkeiten Mabuses mit Bram Stokers Grafen Dracula. Beide eint ihre Fähigkeit zur Suggestion oder Gedankenkontrolle, die sie durch diffuse mesmeristische Praktiken gewinnen. So erinnert die blinde Ergebenheit der Tänzerin Cara Carozza für Mabuse an Draculas Einfluss auf den Anstaltsinsassen Renfield. So wie Renfield eingesperrt in seiner Zelle die Befehle seines Meisters erwartet, so verharrt auch Cara Carozza in ihrer Zelle und erwartet sehnsüchtigst die Ankunft Mabuses.

Selbst die letzte falsche Identität, die Mabuse in *Der Spieler* annimmt, die des Suggestors Weltmann, wird mit einer Biographie ausgestattet, die ihn

---

73 Jacques, N.: Dr. Mabuse, der Spieler. S. 183.

zeitweilig in den Karpaten ansiedelt.[74] Überdies teilen Mabuse und Dracula den innigsten Wunsch zur Emigration. Mabuse führt seine verbrecherischen Operationen in Deutschland aus, um Europa für immer zu verlassen. Sein Traum gilt seinem eigenen Reich, das er Eitopomar nennt. Und Dracula unternimmt in seiner Heimat alles, um eine legale, juristisch abgesicherte Reise nach England zu organisieren, wo er ebenfalls ein neues, ihm eigenes Reich schaffen will. Beide sind Einzelgänger, auf ihre eigene Art entwurzelt und sehen keine Perspektive darin, in ihrer Heimat weiterzuwirken. Doch die entscheidende Gemeinsamkeit sind ihre hypnotischen Fähigkeiten. Es ist anzunehmen, dass Svengali aus Du Mauriers *Trilby* die diabolischen Aspekte des Mesmerismus um die Jahrhundertwende wieder populär gemacht hat, was sich auch in Stokers Roman niedergeschlagen hat.

Das Unheimliche an der Figur Mabuse ist also bereits in der literarischen Vorlage vorgegeben. Fritz Lang hat das Unheimliche in seinen drei Mabuse-Filmen zwar aufgegriffen, dabei aber sein bevorzugtes Genre, den Kriminalfilm, nicht verlassen. Und dennoch scheinen sich die Filme nicht so eindeutig kategorisieren zu lassen. Hans Schmid schreibt dazu: „Die Mabuse-Filme waren stets ebenso dem Horror- wie dem Kriminalgenre zuzuordnen, die Darstellung geisterartiger Phänomene balancierte gekonnt auf der dünnen Linie zwischen Wahnvorstellung und übernatürlicher Erscheinung."[75] Diese Beschreibung jedoch trifft eher auf Henry James' Novelle *The Turn of the Screw* (1898) zu, die ganz bewusst mit der Ununterscheidbarkeit von Wahn und übernatürlichen Elementen spielt. Die Mabuse-Filme hingegen entscheiden sich am Ende stets für die rationale Erklärung, sie spielen nicht in einer Fantasiewelt, wie man sie in Das Cabinet des Dr. Caligari findet. Sie reizen bestimmte Elemente, wie den Mesmerismus, die Maskierung und die Technisierung des Alltags zwar aus, aber das entspricht ganz ihrem Charakter als Genrefilm. Auch von einem James-Bond-Film würde man nicht erwarten, geisterhafte Erscheinungen oder Superkräfte vorgeführt zu bekommen, trotz der offensichtlich unrealistischen Geschehnisse und Ideen, die darin vorkommen. Wichtig ist, dass die Bond-Filme, wie die Mabuse-Filme, eine innere

---

74 Ebd., S. 231.
75 Schmid, Hans: Herrschaft des Verbrechens. In: Das Testament des Dr. Mabuse. Hg. v. Michael Farin und Günter Scholdt. Reinbek bei Hamburg: Rowohlt 1997. S. 360–387, hier S. 378.

Kohärenz aufweisen, innerhalb derer ein breites Spektrum darstellerischer Möglichkeiten gestattet ist.

Und auch wenn die Mabuse-Filme selbst nicht dem Horrorgenre angehörig sind, so funktioniert die Figur Mabuse doch wie eine Horrorfigur. Dana Stevens schreibt: „Like the shark in *Jaws*, like the creature in *Frankenstein*, terror has a tendency to surrender its proper name, collapsing creator, creature and legend into a single metonymous entity."[76] So wird auch Mabuse nicht einfach mit einem Werk von Norbert Jacques, einem oder mehreren Filmen von Fritz Lang oder Artur Brauner assoziiert. Die Figur an sich hat eine mythische Qualität, die Assoziationen um sich herum kreiert. Mabuse ist, wie Dracula oder Frankenstein, ein Schlagwort, ein Name, der die Kunst und Literatur, die um ihn herum entstanden sind, bündelt und auf einen Nenner bringt. So kategorisiert Günter Scholdt Mabuse eindeutig als Horrorfigur, dessen „Name in den 50ern oder 60ern doch fast schon als Gattungsbezeichnung für das Schauergenre firmierte."[77] Doch Mabuse ist, anders als die klassischen Horrorgestalten, in der Moderne angekommen, die er auch thematisiert: „One of the most persistent features of modernity is the potent seductiveness of the phantasmagoria of progress."[78]

Mabuse, wie auch sein französischer Vorgänger Fantômas sind Horrorfiguren der Moderne, weil sie deren Ängste und Unsicherheiten aufgreifen, wie die immer komplizierter werdenden Verflechtungen von Macht und Einfluss, die Unberechenbarkeit des technischen Fortschritts und das Thema der Identität (beide Figuren treten konstant in Masken auf). Sie werden zum Symbol von „flexible and versatile power rather than a figuration of totalitarianism."[79] Sie verkörpern eine diffuse, schwer fassbare Macht, die meist im Verborgenen agiert. Sie wirken also außerhalb des menschlichen Einflussbereichs, sie sind nicht kontrollierbar. Das ist der große Unterschied zu klassischen Horrorgestalten wie Dracula oder dem Frankenstein-Monster, deren Wirkungskreis dagegen meist überschaubar bleibt.

---

76 Stevens, Dana: Writing, Scratching, and Politics from M to Mabuse. In: Qui Parle 1 (1993). S. 57–80, hier S. 69.
77 Scholdt, G.: Mabuse, ein deutscher Mythos. S. 359.
78 Crary, Jonathan: Dr. Mabuse and Mr. Edison. S. 279.
79 Ebd., S. 272.

Ein deutscher Mythos

Die hier aufgezählten Gemeinsamkeiten mit Figuren wie Fantômas, Svengali und Dracula suggerieren, dass Mabuse ein Amalgam populärer internationaler Motive ist, eine eklektische Schöpfung, die einem sensationalistischen Kriminalroman als zusätzliche Attraktion dient. Doch was Mabuse von einer derivativen Schurkenfigur unterscheidet, haben die verschiedenen Filme, die nach Langs Trilogie entstanden sind, deutlich gemacht. Der spezifisch deutsche Bezug, der diese Filme kennzeichnet, macht Mabuse zu einer Metapher deutscher Befindlichkeiten, die je nach historischem Kontext unterschiedliche Züge annimmt. Nachdem Lang das Chaos der Weimarer Republik und den aufkommenden Terror der Nazis mit Mabuse auf einen Begriff gebracht hat, wurde Mabuse in SCREAM AND SCREAM AGAIN zur Leitfigur eines deutschen Fantasiestaates, der Nationalsozialismus und Kommunismus gleichermaßen integriert hat. Chabrols DR. M hat die deutsche Teilung zum Thema, das Schicksal eines zweigeteilten Staates, dessen erzwungene Schizophrenie einen neuen mabusischen Terror heraufbeschwört, dessen Zentrum sich von der Staats- zur Wirtschaftsmacht verschoben hat. Scholdt schreibt: „Weniger selbstverständlich, aber symptomatisch scheint mir allerdings, daß der französische Regisseur bei dieser Umsetzung [des Mabuse-Sujets, d. Verf.] ins Aktuelle weiterhin an Berlin als Handlungsort festhielt."[80] Der deutsche Kontext ist also signifikant, wenn es um die Verortung des Mabuse-Stoffs geht. Aber ist dieser Kontext rein geographischer und historischer Natur? Mitnichten.

Jacques' *Der Spieler* verarbeitet deutsche Themen und Konflikte, die sich in der Figur Mabuse manifestieren. Eines dieser Themen ist der deutsche Exotismus. Bevor Jacques mit dem Abdruck von *Der Spieler* in der *Berliner Illustrirten* einen Bestseller landete, hat er eine Reihe von Reiseberichten wie *Heiße Städte* (1911) und *Auf dem chinesischen Fluß* (1921) verfasst sowie deutsche Robinsonaden wie *Piraths Insel* (1917), die „zu den bedeutendsten Romanen der deutschsprachigen exotistischen Literatur"[81] gehört. Neben

---

80 Scholdt, G.: Mabuse, ein deutscher Mythos. S. 380.
81 Scholdt, G.: Der Fall Norbert Jacques. S. 217.

der Kolonialkritik, die Jacques hier exerziert, ist das Werk vor allem von einem „Gefühl der Heimatlosigkeit, der Entwurzelung und der Zwischenstellung zwischen zwei Kulturen"[82] gekennzeichnet, das sich aus der Biographie
des Autors speist. Als Luxemburger versteht Jacques jene Zwischenstellung,
in seinem Fall zwischen der französischen und der deutschen Kultur, die aus
ihm einen Außenseiter macht. Jacques hat sich aus freien Stücken für das
Leben in Deutschland entschieden und sich im Ersten Weltkrieg sogar als
Autor für propagandistische Schriften beteiligt. Nachdem er als Freiwilliger
für den Krieg abgewiesen wurde, schrieb er Artikel, Situationsberichte und
Kriegstagebücher wie *London und Paris im Krieg* (1915).[83]

Die drei Romane *Piraths Insel*, *Landmann Hal* (1919) und *Der Spieler*
gehören für Scholdt sozialpsychologisch zusammen, da sie „für die Zeit
außerordentlich aufschlußreiche Spielarten eines utopisch-eskapistischen
Aufbegehrens"[84] darstellen. Jeder der drei Romane beschäftigt sich kritisch
mit der politisch brisanten Situation jener Tage während und nach dem
Krieg. Jacques hat sich im echten Leben für die deutsche Seite entschieden,
bewegte sich mit seinen Robinsonaden und Abenteuerromanen jedoch in
eskapistischen Gefilden, die die Weltflucht thematisierten und alternative,
exotische Lebensmodelle im Gegensatz zu europäischen Lösungen vorschlu-
gen. Und auch wenn *Der Spieler* kein exotistischer Roman ist, so verfolgt die
Hauptfigur einzig und allein den Plan, ein eigenes Reich im brasilianischen
Urwald zu gründen, auch das ein Plan, wie er Fantômas und Svengali nicht
zuzutrauen wäre. „Europaflucht"[85] ist es, die Mabuse antreibt, und nicht
die Weltherrschaft:

> „In Eitopomar, wo der Traum sich erfüllen wird, der ihn seit seiner Knabenzeit
> beschlich ... und der sich eins zu erfüllen begonnen hatte drüben auf der einsamen
> großen Insel, die in die Freiheit der Meere gespannt lag wie eine wollüstige Schau-
> kel [...]. Da hatte er Menschen besessen, da war die Natur sein gewesen, da siegte
> er mit seinen Segeln über das Meer, mit seinen Muskeln und seinem Blut über die
> Menschen, mit seinem Willen über die Natur [...]. Aber der Krieg stöberte ihn aus
> seinem Paradies und trieb ihn in das verhaßte kleine Europa zurück."[86]

---

82 Ebd., S. 227.
83 Vgl. Ebd., S. 195ff.
84 Ebd., S. 293.
85 Ebd., S. 276.
86 Jacques, N.: Dr. Mabuse, der Spieler. S. 59.

Den Traum, den Mabuse sich erfüllen will, hat er sich schon einmal erfüllt. Der Erste Weltkrieg hatte ihn, warum bleibt unklar, zurück nach Europa getrieben. Der Eskapismus, der ihn umtreibt, ist also keine kritische Reaktion auf die Weimarer Republik oder die Zeit nach dem Ersten Weltkrieg im Allgemeinen, sondern hat ihn schon vor den umwälzenden Ereignissen ergriffen. Schon als Kind hegte er den Wunsch, Herrscher seines eigenen Urwaldreichs zu sein. Dieser kindliche (doch keinesfalls unschuldige) Traum geht mit Mabuses autoritärer, herrschsüchtiger Persönlichkeit eine unheilvolle Allianz ein. Diese Persönlichkeit ist die eines Führers, eine Behauptung, die Kracauer sicherlich teilt.

Fritz Lang sieht den Ursprung dieser Persönlichkeit in der Philosophie Friedrich Nietzsches: „Für mich war Dr. Mabuse ein Übermensch, irgendwie der Nietzsche-Übermensch, im schlechten Sinne gesehen."[87] Anfang des 20. Jahrhunderts waren viele Ideen und Schlagworte Nietzsches populär. Es ist also vor allem eine bestimmte Nietzsche-Rezeption, die Mabuse mit dem Konzept des Übermenschen in Verbindung bringt, weniger Nietzsches Ausführungen selbst. Schlaffer schreibt: „Am häufigsten gebraucht der junge Nietzsche für die entscheidende Rolle bei jeder Wende der Kultur das Wort ‚Genius' [...]; durch *Zarathustra* wurde ‚Übermensch' populär; das 20. Jahrhundert wird sich auf ‚Führer' einigen."[88] Und dieser Führer soll vor allem ein geistiger Führer sein, der für die Menschen die Rolle Zarathustras annimmt, um sie dazu zu bringen, den über sich selbst hinauswachsenden Menschen zu schaffen. Dabei ist der Führer nicht nur von humanistischer Bildung, sondern muss eine militärische Selbstdisziplin an den Tag legen. Doch was Nietzsche poetisch anreicherte und mit Metaphern ausschmückte, wurde von späteren Bewunderern allzu wörtlich genommen: „Aus dem Philosophen des 19. Jahrhunderts, der gern kriegerische Metaphern gebrauchte, ist im 20. Jahrhundert ein wirklicher Krieger geworden, der seine militärische Funktion zum Weltprinzip verallgemeinerte."[89] So beriefen sich zum Beispiel Diktatoren wie Mussolini auf Nietzsche. Doch gerade in Deutschland war das Führerprinzip in Krisenzeiten beliebt, allein

---

87 Lang, F.: Aus, tableau. S. 270.
88 Schlaffer, Heinz: Das entfesselte Wort. Nietzsches Stil und seine Folgen. München: Carl Hanser Verlag, 2007. S. 134.
89 Ebd., S. 139.

schon weil die Monarchie im Krieg und die Demokratie nach dem Krieg „versagt"[90] hatte. Ob Mabuse also seinen Charakter Nietzsche verdankt, ist nicht leicht zu beantworten. Er ist jedoch gewiss das Ergebnis einer vereinfachenden Nietzsche-Rezeption, die Begriffe wie „Übermensch" und „Wille zur Macht" allzu wörtlich nahm.

Jacques zeigt sich in *Der Spieler* sehr kritisch gegenüber der damals neuen literarischen Strömung des Expressionismus. Vor allem inhaltlich wird deutlich, wie er diese Kunstrichtung als symptomatisch für die Probleme seiner Zeit ansieht. Graf Told zum Beispiel sammelt expressionistische Gemälde, um seine Langeweile zu vertreiben. Er ist passiv und resigniert vor den Ereignissen, die um ihn herum passieren, was ihn zu einem idealen Opfer Mabuses macht. Scholdt hebt dabei hervor, dass Jacques sich trotzdem inhaltliche wie stilistische Gemeinsamkeiten mit den Expressionisten erlaubt, teilte er doch „die Vorliebe zahlreicher Expressionisten für Vitalismus und Exotismus, für sakralen Sprachduktus und Menschheitspathos."[91] Auch das Interesse für eine Randfigur der Gesellschaft, den Kriminellen, passt zu dieser Vorliebe, wobei er den Kriminellen hier zu einer mächtigen Fantasiefigur stilisiert, die schillernder und interessanter als die anderen Figuren des Romans erscheint. Dies wiederum verleiht dem Roman und seiner Hauptfigur ein subversives Potential, das idealtypisch für die Umkehrung der Werte steht, die dem Expressionismus eigen ist.

Auch stilistisch hat *Der Spieler* expressionistische Züge, ist er doch von hohem erzählerischen Tempo. Bogner verweist darauf, dass die „avantgardistischen Autoren [...] mit einer extrem verkürzten und dichten Prosa und einem hohen Erzähltempo"[92] aufwarten. Doch findet dieser Stil bei Jacques aus völlig anderen Gründen Verwendung als bei den Expressionisten, die vor allem auch mit dem Erzählstil des 19. Jahrhunderts brechen wollten. Jacques geht pragmatisch vor und pflegt um der Lesbarkeit willen einen einfachen, klar verständlichen, jedoch stark expressiven Stil. Dieser eignet sich vor allem für ausschweifende Aktionsszenen, wie die große Verfolgungsjagd am Ende des Buches. Weit entfernt vom Telegrammstil eines Ernest Hemingway finden sich bei ihm aber auch intensive, bildhafte Beschreibungen, die eine

---

90 Ebd., S. 142.
91 Scholdt, G.: Der Fall Norbert Jacques. S. 284.
92 Bogner, R. G.: Einführung in die Literatur des Expressionismus. S. 75.

Atmosphäre schaffen, anstatt ausschließlich im Dienst der Handlung zu stehen:

> „Das dunkle Gewebe seines Hirns hielt nur noch die blitzende Empfindung eines schrillen Scheinwerfers fest, der ihn während des Gesprächs bestrahlte. Er bohrte sich, nicht mehr zum Schlaf kommend, hinter den grauen Fetzen dieser Erinnerungen her; aber mehr bekam er nicht zusammen."[93]

Diese Passage beschreibt die lückenhafte Erinnerung des Glücksspielers Edgar Hull an sein Treffen mit Mabuse, der ihn hypnotisiert hat. Seine Schwierigkeit, sich an das Treffen zu erinnern, rührt demnach von der Hypnose her, die ihn noch immer beherrscht und gegen die er vergeblich ankämpft. Jacques beschreibt hier also einen inneren psychischen Konflikt. Die Wiedergabe heftiger innerer Eindrücke ist ein typisches Merkmal des Expressionismus und solche finden sich in *Der Spieler* zu Genüge. Mabuses hypnotische Kräfte lassen die Figuren, die er unter seine Kontrolle bringt, in starke innere Konflikte geraten, die Jacques wortgewaltig umschreibt. Doch es finden sich vereinzelt im Text weitere einschlägige Stellen:

> „Ein Föhn durchfraß vom Gebirge her die Stadt. Er war weich und leidenschaftlich wie ein Menschenherz. Er brüllte den Frühling hinter sich her. Alle Lichter waren grell. Alle Schatten waren von einer wilden, jähzornigen Schwärze. Alle Herzen in zwei Farben gespalten."[94]

Dieser Abschnitt ist bezeichnend in seiner Übertreibung der Naturphänomene. Die Bilder, die dieser Abschnitt heraufbeschwört, sind von eindeutiger expressionistischer Qualität, denn sie scheinen genauso eine Außen- wie Innenperspektive zu evozieren. Was hier durch den Einsatz von Metaphern ausgedrückt wird, ist Emotion. Die Natur wird vermenschlicht, um den Aufruhr, den sie erzeugt, treffend zu beschreiben. Jacques verwendet die Sprache der Expressionisten hier, um Handlung und Schauplatz mit einer spezifischen Atmosphäre auszustatten. Für ihn ist dies der nötige psychologische Unterbau, um eine angemessene Beschreibung seiner Zeit überhaupt erst möglich zu machen. Dazu hätten die reinen Handlungselemente kaum ausgereicht, denn so spektakulär sie auch sein mögen, verweisen sie doch stets nur auf sich selbst, aber nicht über sich selbst hinaus. So gelingt es

---

93 Jacques, N.: Dr. Mabuse, der Spieler. S. 18.
94 Ebd., S. 112.

Jacques mit seinem Stil, der chaotischen Handlung seines Romans einen emotionalen Kontext zu liefern, der die Geschehnisse für den Leser plausibel macht.

Der Text lebt davon, wie Helmut Schmiedt anmerkt, „dass eine ekstatische manchmal bizarr anmutende Bildlichkeit" benutzt wird, die aus einem Fundus schöpft, der aus „Lieblingsvokabeln expressionistischer Literatur"[95] besteht.

Dabei erinnert der Stil, den Jacques in eben erwähnten Passagen anwendet, auch an den Stil von Carl Mayers Drehbüchern für Friedrich Wilhelm Murnau oder Lupu Pick. Das Bezeichnende an diesen Werken, zum Beispiel an Murnaus DER LETZTE MANN (1924) ist der völlige Verzicht auf Zwischentitel. Das bedeutet: der Text des Drehbuchs ist an keinerlei Stelle des Films sichtbar, er muss ganz in den Bildern aufgehen.

Man könnte daher sagen, Jacques schreibt ‚filmisch'. Manche Kritiker behaupten, *Der Spieler* sei von Beginn an auf seine Verfilmung hin konzipiert worden.[96] So erscheint die Verfilmung des Romans durch Fritz Lang beinahe zwingend, vor allem wenn man bedenkt, dass der Film innerhalb eines Jahres nach dem Roman erschienen ist. Langs Umsetzung wurden ebenfalls oft Attribute des expressionistischen Films zugeschrieben. Lotte Eisner betont jedoch, dass sich der Filmarchitekt „mehr dem Kunstgewerbe der Wiener und Münchner Sezession zugewandt" habe, das „fast noch an den Jugendstil"[97] erinnert. Als expressionistisch wiederum bezeichnet Eisner

„gewisse kontrastreiche Ausleuchtungen: eine nachtdunkle Gasse, wo sich der Mord an dem jungen Millionär Hull vollzieht. Oder Graf Told wankt mit einem brennenden Kandelaber durch die Säle seiner exotischen und expressionistischen Kunstsammlung bis zu der Freitreppe, und urplötzlich prallt auf Augenblicke eine Skulptur, eine riesige Maske aus dem Dunkel. Vor dem Kaminfeuer unter dem Bild des Lucifer sinnt der dämonische Doktor, selbst dem Lucifer gleich."[98]

---

95 Schmiedt, H.: Dr. Mabuse, Winnetou & Co. S. 182.
96 Vgl. Eichberg, Ralf: Nietzsches Spuren in der Figur des Dr. Mabuse. In: Nietzsche im Film. Projektionen und Götzen-Dämmerungen. Hg. v. Volker Gerhardt u. Renate Reschke. Berlin: Akademie Verlag 2009 (Nietzscheforschung; 16). S. 65–77, hier S. 66.
97 Eisner, Lotte H.: Die dämonische Leinwand. Überarbeitete, erweiterte und autorisierte Neuauflage. Frankfurt: Kommunales Kino 1975. S. 245.
98 Ebd.

Wie Jacques macht auch Lang sich Stilmittel des Expressionismus zunutze, um Stimmungen zu erzeugen, vor allem eine Stimmung der Unsicherheit und des Unbehagens. Um seine aktionsreichen Szenen so effektvoll wie möglich zu inszenieren, muss Lang also in seinem ersten Kriminalfilm bereits über die Konventionen des Kriminalfilms hinausgehen, um all den unterschiedlichen Attraktionen, die Jacques' Roman bereithält, adäquat auf die Leinwand zu übertragen. Dabei konzentriert er sich, wie Eisner hier herausarbeitet, auf besonders unheimliche und geheimnisvolle Elemente, die mithilfe der expressionistischen Stilmittel besonders betont werden. Auch die Besetzung der Hauptrolle mit Rudolf Klein-Rogge, dem späteren Darsteller des Rotwang aus METROPOLIS (1927), unterstreicht die Aura des Unheimlichen und hebt noch einmal die Nähe Langs zum expressionistischen Film hervor. Klein-Rogges Physiognomie, die durch diverse Verkleidungen mehrfach verzerrt wird, ist besonders expressiv. Sein herrischer Ausdruck wird durch zusätzliches Make-up noch gesteigert.

Die Ursprünge der Figur Mabuse zeigen zum einen, wie sehr sich Jacques von zeittypischen Themen und Motiven wie dem Mesmerismus und der Psychoanalyse, den Errungenschaften der neuen Technik sowie der Faszination für das Verbrechen leiten ließ; zum anderen, dass die Figur von ihrem deutschen Kontext kaum zu trennen ist: Der Expressionismus, der Nietzsche-Kult, der Exotismus und die diversen Auf- und Umbrüche der Weimarer Republik sind für die Genese des Dr. Mabuse von gleicher Relevanz. So ist die Figur von ihrer spezifisch deutschen Thematik durchdrungen, reiht sich aber gleichzeitig in die Riege zeitgenössischer Superverbrecher ein wie Fantômas und Dr. Fu-Manchu, die eine ähnliche Popularität in der westlichen Welt erfahren haben.

Es bleibt zu zeigen, wie Jacques und Lang mit ihren unterschiedlichen Mitteln die Figur zu ihrer Zeit positionieren und charakterisieren.

Das Leben, ein Glücksspiel

Um Dr. Mabuse als Figur zu begreifen, muss man die Realität berücksichtigen, die Jacques' *Der Spieler* (re)konstruiert. Das Deutschland, das er hier porträtiert, ist die noch junge Weimarer Republik des Jahres 1921. Das Milieu, in dem der Roman zum Großteil spielt, sind die besseren Glücksspielkreise, in dem junge Millionäre und ihre Mätressen verkehren. Staatsanwalt von Wenk, der im Roman für Recht und Ordnung steht, zieht eine unmissverständliche Analogie zwischen dem Leben in der Kriegs- und unmittelbaren Nachkriegszeit und dem Glücksspiel:

> „In dem Spielerprozeß hatte er erlebt, welche Gefahr dem Volk durch das Spiel drohte. Das Auslaufen des Krieges in dem keineswegs abspannenden Zustand, den die Bedingungen von Versailles dem deutschen Volk brachten, hatte die Phantasie nicht beruhigt, sondern hielt sie angestachelt. Hunderttausende waren durch den Krieg an ein untätiges Leben gewöhnt worden. Dies Leben war durch Jahre nichts anderes gewesen als eine Lotterie um Sein oder Nichtsein."[99]

Diese Textstelle verrät viel über Wenk, dessen Weltsicht, so Scholdt, weitgehend der des Autors entspricht.[100] Das Spiel wird zur akuten Gefahr für das Volk erklärt, was den konservativen Charakter Wenks freilegt. Im Glücksspiel finden gelangweilte junge Männer ihren Zeitvertreib, denen ein Ziel im Leben fehlt. Wenk ist der engagierte Gegenentwurf zum jungen Mann seiner Zeit: Er hat sich dem Gesetz verschrieben, er will die Ordnung, die er bedroht sieht, wiederherstellen. Das Spiel ist in dieser Hinsicht also sein natürlicher Feind. Dessen Ausgang ist vom Zufall, vom Glück abhängig, in seiner Beschaffenheit ist also das Chaos angelegt. Und das Chaos des Spiels spiegelt das Chaos der harten Realität. Wenk sieht die letzten Jahre als Lotterie, als Spiel, bei dem das eigene Leben der Einsatz ist. Eine treffende Metapher, führt sie doch eine wichtige Handlungsebene des Romans mit ihrem Subtext zusammen. So wie das Spiel an sich den Zeitvertreib und den Spaß impliziert, so schließt es den Ernst aus. Angewendet auf die Weimarer Republik verweist das Spiel auf die Unterhaltungskultur, auf die Zerstreuung, die man in einschlägigen Revuen und Kinotheatern zuhauf fand. Dass

---

99   Jacques, N.: Dr. Mabuse, der Spieler. S. 25–26.
100   Vgl. Scholdt, G.: Der Fall Norbert Jacques. S. 279.

der Ernst der politischen und sozialen Situation aus dem öffentlichen Leben ausgeklammert wurde, indiziert die destruktive Dimension des Spiels.

In derselben Passage werden auch der Versailler Vertrag und die hohe Arbeitslosigkeit erwähnt, denen eine Mitschuld an der schwierigen Situation gegeben wird und die als Nährboden für die von Wenk angeprangerte Amüsierkultur fungieren. Der brachliegende Arbeitsmarkt kreiert also die Bedingungen für einen Geisteszustand, der seinen Ursprung kaschieren muss. Die Probleme, die über dem Volk hereinbrechen, müssen verdrängt werden, um sie überwinden zu können.

In dieser Argumentation steckt ein konservativer Zug. Das untätige Leben, zu dem Viele gezwungen sind, „stachelt die Phantasie an", natürlich im negativen Sinne. Man könnte umgangssprachlich resümieren: Das Nichtstun bringt die Leute auf dumme Gedanken. So lässt Wenk „in seinen Sympathien wie Antipathien für Personen oder Verhältnisse seinen rückwärtsgewandten Blick zweifelsfrei erkennen."[101] Als positiver Gegenentwurf zum Schurken Mabuse funktioniert Wenk vor allem durch die Zurschaustellung seiner Moral, die Jacques als begleitenden Zeitkommentar einsetzt. Der Autor macht es für den Leser besonders einfach, mit Wenk einverstanden zu sein, ist er doch Hüter des Gesetzes und Stimme der Vernunft gleichermaßen. Außerdem garantiert er die Distanz zur ungleich interessanteren Schurkenfigur, denn zum einen wird ein moralischer Rezeptionsrahmen hergestellt, der den Leser automatisch zu den Figuren positioniert, zum anderen erlaubt Wenks moralische Integrität dem Leser, die spektakulären Verbrechen und das unkonventionelle Verhalten Mabuses schuldfrei zu rezipieren, es also zu genießen. Man muss sich nur die Abwesenheit Wenks in *Der Spieler* vorstellen, dann würde man einen ungleich ambivalenteren Roman vor sich haben, der die Abenteuer eines Verbrechers detailliert, aber wertfrei schildert. So ist Wenk ein für Jacques notwendiger Erzähler, der die verbrecherischen Geschehnisse um Mabuse moralisch „ins rechte Licht setzt".

Jacques reizt die Metapher des Spiels im Text weiter aus, wenn er schreibt: „Man spielte mit Karten, mit Waren, mit Gedanken und mit Genüssen, mit der Macht wie mit der Schwäche, mit dem Nächsten wie mit sich selber."[102]

---

101 Ebd., S. 280.
102 Jacques, N.: Dr. Mabuse, der Spieler. S. 26.

Im inneren Kosmos des Spiels sind diese Elemente alle gleich(wertig): Man spielt mit Karten gleichermaßen wie mit Menschen. Das Menschenleben ist im Spiel also entwertet, selbst das eigene. Und im Hintergrund agiert Mabuse und orchestriert das Geschehen. Er stellt die Regeln des Spiels auf, das keine Gewinner außer ihn selbst kennt. Doch auch Mabuses Methoden, so zweckmäßig sie auch sein mögen, sind von spielerischem Charakter. Die Maskerade, die er betreibt, ist keine zwingende Notwendigkeit für die Funktionalität seines Plans. Und doch scheut er keine Mühe, um die unterschiedlichsten Charaktere darzustellen. Einmal verkleidet er sich sogar als Greis. Was umständlich erscheint, ist ein genussvoller oder auch spielerischer Zugang zur eigenen Zweckmäßigkeit.

Auch die Entführung der Gräfin Told, die Mabuse offenbar aus einem Impuls heraus durchführt, ist gezeichnet durch den spontanen Charakter des Glücksspiels: „Herrschsüchtiges Begehren schoß in sein Hirn und füllte es aus. Er wollte diese Frau für sich haben."[103] Man spielte „mit der Macht wie mit der Schwäche", wie es oben heißt. In diesem Sinne spielt auch Mabuse nicht nur mit den Menschen, sondern auch mit sich selbst. Sein Begehren, seine Eigenheiten und seine Launen sind genauso Teil des Spiels wie die seiner Opfer, die vom Spiel nichts ahnen.

Hier wird also ein menschlicher Zug von Mabuse deutlich, der spätestens in Langs DAS TESTAMENT DES DR. MABUSE verschwinden und durch einen reinen Trieb (oder vielleicht einer Programmierung?) zum Bösen abgelöst werden wird. Doch in *Der Spieler* ist Mabuse, so beeindruckend seine Präsenz und übermenschlich seine Fähigkeiten wirken, durchaus noch angreifbar. Erst wenn er, wie in Langs TESTAMENT, die Sphäre des Menschlichen verlässt und zu einer körperlosen (bzw. sich beliebige Körper zunutze machenden) Präsenz, einem Geist oder auch einer Ideologie wird, wird die eigentliche Gefahr von Mabuse sichtbar. Doch solange er ein Mensch ist und kein Mythos, ist er verletzlich. Dies zeigt Jacques eindringlich in jener Szene, in der Mabuse die Gräfin Told das erste Mal sieht und sofort begehrt:

„Er fühlte, was diese Frau in die Spielsäle trieb, und es war ihm über dieser plötzlichen Entdeckung, als blute sein Herz. Als öffne sich in seinem Blut ein Spalt, eine Schlucht, die so tief war, daß nur ein zuckendes Menschenherz sie füllen konnte. Er jagte mit seiner Phantasie und seiner Sprache nach diesem Herzen wie in den

---

103 Ebd., S. 126.

Dschungeln nach Tigern, die Menschenleiber aufgerissen und die Jäger zu tobender Blutlust entflammt hatten.
Diese Frau war das Herz, das er brauchte."[104]

Gerade der erste Satz verblüfft, weil er impliziert, dass Mabuse nicht nur Empathie für die Gräfin verspürt, sondern ihre Beweggründe versteht, sich in sie hineinversetzen kann. Und die darauffolgenden Sätze verraten, trotz des drastischen Vergleichs mit der amoralischen Brutalität der Natur, nicht nur Sympathie, sondern sogar Liebe. Da dies jedoch eine Vokabel ist, die nicht in den Wortschatz des Machtmenschen Mabuse gehört, müssen so archaische Bilder bemüht werden wie die Schlucht, der Dschungel, der Tiger, der Jäger. Die Liebe wird beschrieben als Kampf um Leben und Tod, als Jagd im Urwald. Allesamt mit Männlichkeit assoziierte Umschreibungen und Vergleiche, die so Mabuses Gefühle vor ihm selbst legitimieren sollen. Das Herz der Gräfin erscheint hier wie eine Trophäe, der Mabuse als Jäger nachspürt. So gerät die Liebe zur gewalttätigen Angelegenheit, die als Teil seines verbrecherischen Treibens interpretiert wird. Mabuse zeigt hier eindeutig Schwäche, deutet sie aber in seinem Sinne um. Er spielt also auch mit *seinen* Gefühlen und bringt so seinen eigentlichen Plan in Gefahr. Denn die Entführung der Gräfin Told führt Staatsanwalt Wenk auf Mabuses Spur.

In einem Gespräch mit dem Grafen Told erklärt Mabuse sein Verständnis des Glücksspiels:

> „Das Glücksspiel ist die älteste Form, die stärkste und allgemeinste Form, in der der Mensch, dem nicht die Gabe einer Künstlerschaft gegeben ist, sich Künstler zu fühlen vermag. [...] Weil im Glücksspiel ein jeder Mensch die Erzwingung einer Annäherung wenigstens an einen Schöpferakt durchsetzen kann. Die Erschaffung durch das Prinzip, dem sich alles Leben verdankt, speist ihre Macht aus dem Kräfteparallelogramm von Willen und Zufall."[105]

Zwischen Willen und Zufall vollzieht sich nach Mabuse der schöpferische Akt, der einem Trancezustand gleiche. Sogar Goethe wird bemüht, um sein Argument zu stützen.[106] Hier sieht sich Mabuse klar als Künstler. Das erklärt zumindest das uneingeschränkte Engagement, das Mabuse dem Spiel widmet. Seine Meisterschaft in diesem Spiel, das Karten wie Menschen

---

104 Ebd.
105 Ebd., S. 139.
106 Vgl. ebd., S. 140.

umfasst, zeichnet ihn als den Künstler aus, der er gerne sein will. Es steckt viel Eitelkeit in diesen Worten, die auf den Größenwahn Mabuses verweist. Gleichzeitig steckt ein reflektierter Gedanke hinter dieser Idee, denn dass ein von sich überzeugter Machtmensch wie Mabuse solch großen Wert auf den Zufall legt, ist doch mindestens überraschend. Eine Rhetorik, die das Schicksal, unausweichlichen Determinismus bemüht, wäre ihm fremd. Als Spieler und Künstler rechnet er mit dem Zusammenprall von Planung und höherer Gewalt, und der Ausgang ist bloß ein weiteres Spiel, eine Wette, die man gewinnen oder verlieren kann.

Unter Zufall versteht Mabuse „das Unerwägbare, Unmeßbare, Fremde und zum Erkennen aus sich selbst heraus Unmögliche zu verstehen."[107] Fast wirkt es, als würde er ein religiöses Gefühl oder das Göttliche selbst beschreiben, eine höhere Macht, die über allem, selbst über ihm selbst, steht.

Solche Passagen, die über Mabuses Machtpläne hinausgehen, sind rar gesät, aber daher umso aufschlussreicher. Denn sein Glaube an den Zufall oder überhaupt sein Glaube verweisen gleichzeitig auf sein Wunschreich Eitopomar, eine einfachere Welt, fernab von europäischem Rationalismus und gesellschaftlicher Ordnung. Eitopomar steht nicht nur für eine übersteigerte Machtphantasie, sondern auch für eine Welt, die hierarchisch und klar strukturiert ist. Auch der Glaube an den Zufall, die höhere Gewalt, die unkontrolliert über einen hereinbricht, entspricht dem Wunsch nach Einfachheit. Im Geiste ist Mabuse also ein zivilisationsmüder Aussteiger, Jacques' anderen Abenteurern Pirath und Landmann Hal somit nicht unähnlich. Er sehnt sich nach einer einfachen Welt, deren Mittelpunkt er selbst sein will.

---

107 Ebd., S. 139.

Die Inflation und ihre Folgen

Die Geldentwertung, die über die junge Weimarer Republik hereinbrach, hat die Gesellschaft mit extremer Armut wie extremem Reichtum konfrontiert. Sebastian Haffner beschreibt in einem Jugendwerk die Auswirkungen der Inflation folgendermaßen: „Den Jungen, Flinken ging es gut. Über Nacht wurden sie frei, reich, unabhängig. [...] Unter soviel Leid, Verzweiflung und Bettelarmut, gedieh eine fieberhafte, heißblütige Jugendhaftigkeit, Lüsternheit und ein allgemeiner Karnevalsgeist."[108] Während viele Ältere sich den veränderten Gegebenheiten nicht anpassen konnten, vermochten sich die Jüngeren u.a. durch kluge Aktienkäufe finanziell über Wasser zu halten. Viele gelangten zu ungeahntem Reichtum und gaben sich diversen Ausschweifungen hin. Das führte zu einem veränderten gesellschaftlichen Klima: „Geschlossene Gesellschaften gab es ja nicht mehr. Das Geld war ein Schlüssel auf alle Schlösser [...]. Man kam, in welche Gesellschaft man wollte."[109] Einer der jungen Männer, die zu diesen Neureichen zählen, ist Edgar Hull, ein Opfer Mabuses an den Spieltischen. Er wird an einer Stelle in bezeichnender Weise von Staatsanwalt Wenk charakterisiert:

> „Hull war ihm in einer plötzlichen Erleuchtung wie ein Symbol des jungen Mannes der Zeit: Verbunden mit einem aufgedonnerten Nichts von einem Weib, das sich auf einer Bühne mit Talent zur Schau stellte. Elegant gekleidet, ohne elegant zu sein. Ruhelos den nervenaufreibenden Nächten ergeben und in einem Leben zwischen Spieltisch, Nachtlokal und Tänzerinboudoir Erfüllung suchend, wo es ihm gar nicht so ums Herz war ..."[110]

Einerseits eine klar moralische Wertung eines Mannes, der von der Krise profitiert, andererseits aber eine beinahe nachsichtige Einschätzung. Denn trotz der harschen Kritik an Hulls Stil- und Geschmacklosigkeit, die ihn als klassischen Emporkömmling definiert, sieht ihn Wenk auch als symptomatisch für seine Zeit an. Er ist im Grunde nur ein Spielball gesellschaftspolitischer Kräfte. Er versucht krampfhaft dem Bild zu entsprechen, das von

---

108 Haffner, Sebastian: Geschichte eines Deutschen. Die Erinnerungen 1914–1933. München: Deutsche Verlags-Anstalt 2000. S. 57.
109 Jacques, N.: Dr. Mabuse, der Spieler. S. 22.
110 Ebd., S. 93.

seinem Typ erwartet wird, doch zufrieden ist er damit nicht. Zugleich fehlt es ihm an der nötigen Reflexionsfähigkeit, um aus seiner ihm zugesprochenen Rolle auszubrechen. So ist auch er ein Opfer der Umstände. Finanziell gut gestellt, ist er doch niemand, der mit Geld umzugehen versteht. So läuft er unweigerlich Gefahr, an einen Manipulator wie Mabuse zu geraten. Ahnungslose und Getriebene, Gewinner wie Verlierer der Inflation, sie alle können zu Mabuses Opfern werden, wenn sie ihm nützen. Hull bezahlt seine Ahnungslosigkeit am Ende mit dem Leben.

Ein anderes Opfer Mabuses ist der Graf Told, der von vornherein über gewissen Reichtum verfügt. Doch auch er litt unter der Krise, denn er hatte sich „Liebhabereien hingegeben aus Mangel an ernsthaften, seine Persönlichkeit bindenden Verpflichtungen"[111], was konkret heißt, dass er expressionistische Kunstwerke gesammelt hat. Jacques beschreibt Tolds Engagement für expressionistische Maler und Dichter als das Ergebnis seiner Manipulation durch geschickte Geschäftemacher, die Geld mit Neuentdeckungen und Moden machten. Leute wie Told seien „Opfer der Zeit".[112] Das verbindet Told mit einem unerfahrenen Neureichen wie Hull. Trotz ihrer unterschiedlichen Herkunft und Sozialisation sind sie beide, nach Jacques, Opfer der chaotischen Umstände, die über sie hereingebrochen sind. Die Gemeinsamkeit liegt hauptsächlich im Finanziellen: „Das Geld verkam; um so unbegrenzter wurde seine Macht über die Menschen. Alles war krank."[113] Was Jacques hier konstatiert ist ein moralischer Werteverfall, der mit ungezügeltem Kapitalismus einhergeht. Wenn das Geld „verkam", dann muss es vorher in einem moralisch integren Umfeld existiert haben. Dass dieses in der Inflation weggefallen ist, hat zu unmoralischen Auswüchsen geführt. Für Jacques ist der Expressionismus hier definitives Symptom des Werteverfalls. Ob er tatsächlich die Ästhetik dieser Kunstrichtung nicht anerkennt, sei dahingestellt. Interessant ist vor allem, dass er den Expressionismus in erster Linie von der wirtschaftlichen Seite her betrachtet. Er sieht vordergründig die Vermarktung von Kunst und Künstlern. Die Kunst selbst hat lediglich eine Alibifunktion, die unverhältnismäßige Geschäfte zwischen Händlern und

---

111   Ebd., S. 152.
112   Ebd.
113   Ebd.

Käufern ermöglicht. Den Einzug wirtschaftlicher Interessen in die Welt der Kunst sieht Jacques als konservativer Künstler erwartungsgemäß kritisch. So wird auch Graf Told Opfer von Mabuses Plänen. Er wird in den Selbstmord getrieben. Hier wird ein weiterer moralischer Aspekt des Romans deutlich: Mabuses Opfer scheinen selten vollkommen unschuldig an ihrem Schicksal zu sein. Es ist zwar nicht so, dass Mabuse als Racheengel einer konservativen Moral fungiert, doch die Opfer wirken stets in einer, zumindest in den Augen ihres Autors, moralisch fragwürdigen Umgebung und stehen dabei gleichzeitig für ein oder mehrere Laster ihrer Zeit. So erscheint es beinahe zwingend, dass sie für diese Übertritte bestraft werden.

Verbrechen im Verborgenen

Nach dem Ersten Weltkrieg überschlugen sich in Deutschland die Ereignisse. Der Versuch einer Revolution scheiterte, Rosa Luxemburg und Karl Liebknecht wurden ermordet und im März 1920 fand der Kapp-Putsch statt. Für Haffner eine Zeit, die er als „seltsam unwirklich"[114] empfand. Die Zeitungen hatten eine beträchtliche Anzahl von Fakten verschwiegen, die Bevölkerung wurde von vielen Ereignissen überrascht. Es war eine Zeit der Unsicherheit und des Misstrauens. Mabuse passt auch deshalb in diese Umgebung, weil er eine Kraft repräsentiert, die im Verborgenen agiert. Er nährt die Paranoia eines Landes, in dem die Ereignisse von einer starken Undurchsichtigkeit gekennzeichnet sind. Es ist dieselbe Atmosphäre, in der der Antisemitismus gesellschaftsfähig und bald zur Parteiideologie wurde. Die Verschwörungstheorie, dass verborgene Mächte am Werk sind und die Geschicke des Landes lenken, ist also keineswegs abwegig. Jacques hat sie literarisch in die Figur von Mabuse transponiert. Mabuse handelt nämlich keineswegs allein, sondern hat eine ganze Organisation hinter sich.

Als Wenk in Erscheinung tritt, um den Fall des räuberischen Spielers zu untersuchen, scheint er bereits von einer Verschwörung überzeugt zu sein: „Wenk war geneigt, aus einigen, wenn auch sehr weitläufigen Ähnlichkeiten, alle diese Fälle auf eine zusammenarbeitende Bande zurückzuführen. […] Aber dieser Eindruck war nur gefühlsmäßig."[115] Tatsächlich ist Mabuses Bande weit verzweigt. Seine Handlanger sind als Schmuggler wie als Mädchenhändler aktiv. Er selbst betätigt sich vorwiegend im Glücksspielmilieu. Offiziell ist er „psychopathologischer Arzt"[116], ein angesehener Beruf, der als Tarnung fungiert, gleichzeitig ein Spiel mit antisemitischen Klischees: Hinter dem gutbürgerlichen jüdischen Psychoanalytiker versteckt sich ein Verbrecher, der eine ganze Organisation befehligt.

In einer Passage, die den zweigeteilten Charakter seines Vaters beschreibt, sagt Haffner: „Deutschland führt als Nation ein Doppelleben, weil fast jeder

---

114 Haffner, S.: Geschichte eines Deutschen. S. 40.
115 Jacques, N.: Dr. Mabuse, der Spieler. S. 28.
116 Ebd., S. 140.

einzelne Deutsche ein Doppelleben führt."[117] Als Beispiel führt er zum einen das vom preußischen Puritanismus gezeichnete Wesen seines Vaters an, zum anderen dessen sensible Seite als Literaturliebhaber. Auch Mabuse führt ein Doppelleben, und zwar nicht nur das von Arzt und Verbrecher. Er ist genauso Verbrecher wie er geheimer Aussteiger ist, dessen Unternehmungen auf Europaflucht und Reichsgründung im Urwald ausgerichtet sind.

Mabuse nimmt seine Rolle als Arzt im Übrigen sehr ernst. Im 10. Kapitel ist Mabuse bei Geheimrat Wendel, einem Psychiater, zum Essen eingeladen, den er durch eine seiner Patientinnen kennengelernt hatte. Diese Patientin, eine Dame höheren Standes, litt an „schweren nervösen Hemmungen" und wurde von Mabuse „durch eine hypnotische Behandlung geheilt."[118] Hier tritt Mabuse also in die Fußstapfen Mesmers und gebraucht die Hypnose für Heilverfahren. Und doch bekommt die Hypnose hier einen Anstrich des Unheimlichen und Gefährlichen, allein schon, weil Mabuse sie ausübt.

Auch Staatsanwalt Wenk vergleicht seinen Beruf an einer Stelle mit dem des Psychiaters: „Irgendwo rührt mein Beruf an die Sphäre des Psychiaters; er ist vielleicht tiefer noch und jedenfalls an das Unheimlichere und Geister-haftere des Menschen gebunden."[119] Wenk sieht die Psychoanalyse als etwas „Geisterhaftes" an, ein Spiel mit paranormalen Phänomenen, mit denen man sich eher in Parallelgesellschaften als im Alltag auseinandersetzt. So passt der Beruf auf Mabuse sehr gut. Das Misstrauen, das Jacques der Psychoanalyse entgegenbringt, wird in einen umfassenden Kontext der Verunsicherung eingebettet, die in *Der Spieler* zu Spannungszwecken ausformuliert wird. Die Psychoanalyse ist also auch Bestandteil jener destruktiven Kräfte, die im Verborgenen wirken.

Im Laufe des Romans wird Wenk die Gefahr offenbar, die von Mabuses Organisation ausgeht: „Ich glaube, wir haben es mit der im Augenblick wohl gefährlichsten Bande Europas zu tun. Sie wissen, festgestellt sind schon jetzt: Falschspielerei, Mord und Terror! Und zwar bandenweise!"[120] Dieser Hinweis auf die Aktivitäten der Organisation hat mit den antisemitischen Tendenzen, von der die Figur des Mabuse teils durchdrungen ist, nichts mehr

---

117 Haffner, S.: Geschichte eines Deutschen. S. 97.
118 Jacques, N.: Dr. Mabuse, der Spieler. S. 125.
119 Ebd., S. 151.
120 Ebd., S. 169.

zu tun. Man fühlt sich eher an den rechtsnationalistischen Terror erinnert, der schon vor der Machtergreifung der Nazis 1933 das Tagesgeschehen der Weimarer Republik beherrschte. Nebulöse Auftragsmorde wie die Morde an Liebknecht, Luxemburg oder Außenminister Walter Rathenau 1922, Terror durch zahlreiche Putschversuche, die Alleingänge des Freikorps – sie alle passen zu den scheinbar unzusammenhängenden Operationen Mabuses. Mabuse spricht an einer Stelle sogar von seiner eigenen „Beseitigungskommission"[121]. Interessant ist hier die Begriffswahl, die an nationalsozialistischen Militärjargon erinnert, sowie der euphemistische Effekt der Wortwahl. Zugleich wird dem organisierten Mord ein bürokratischer Rahmen gegeben, der diesem eine Aura der Korrektheit und Ordnung verleiht. Mabuses Organisation mutet demnach eindeutig faschistisch an.

Auch der Umgang der Verbrecher untereinander ähnelt dem chauvinistischen Gebaren des Freikorps oder anderen rechten paramilitärischen Organisationen. So zwingt Mabuse zum Beispiel seine Mitarbeiter Spoerri und Georg dazu, mit ihm übermäßige Mengen an Alkohol zu trinken.[122] Seinen Status als Kopf der Organisation verteidigt Mabuse vor seinen Untergebenen stets mit Mitteln des Kräftemessens, der Einschüchterung und Gewalt.

---

121 Ebd., S. 221.
122 Vgl. ebd., S. 70.

Europa

Der Erfolg, den Mabuse zeitweise bei seinen verbrecherischen Unternehmungen hat, lässt Fragen aufkommen, warum er überhaupt emigrieren will. Fritz Lang hat die Frage in seiner Verfilmung gelöst, indem er den gesamten Handlungsstrang um Eitopomar hat wegfallen lassen. Im Roman erscheint dieser jedoch als die treibende Kraft hinter Mabuses Plänen. An einigen wenigen Stellen des Romans wird verraten, dass Mabuse bereits einmal versucht hat, Europa für immer hinter sich zu lassen:

> „Von dieser selben Stadt aus [gemeint ist Konstanz] hatte er begonnen, als der Krieg ihn aus dem eigenen und selbstherrlichen Reich seiner Pflanzung auf der Salomonen-Insel nach Europa zurückgeworfen hatte und er sich hier mit der sprengenden Macht seines Willens nicht besser zurechtfand als damals, da er, nach dem Examen, die Südsee gegen eine Arztkarriere in einer süddeutschen Stadt eingetauscht hatte."[123]

Später spezifiziert Jacques die Gründe für die Rückkehr nach Europa: „Hier hatte er sein Leben der Macht begonnen, als der Krieg ihn von seinen Pflanzungen in der Südsee als einen ruinierten Mann nach seiner Heimat zurückgetrieben hatte."[124] Der Erste Weltkrieg hat also auch Mabuses Pläne durchkreuzt. Doch der Versailler Vertrag scheint ihn genauso wenig zu interessieren wie das Kaiserreich vor dem Krieg, auch wenn er dieser Staatsform sicher mehr Verständnis entgegenbringt als der Demokratie. Auch wenn seine Organisation faschistische Züge trägt, sind seine Pläne keineswegs nationalistischer Natur. Nichtsdestotrotz scheint Mabuse von der Überlegenheit der ‚weißen Rasse' gegenüber diversen Naturvölkern überzeugt, will er doch im Alleingang sein eigenes Reich im Urwald errichten. Das macht ihn wiederum zu einem Nachfolger von Joseph Conrads Elfenbeinhändler Kurtz aus der Novelle *Heart of Darkness* (1902), wobei Nacheiferer in diesem Fall der angemessenere Begriff wäre, denn Mabuse wird es letztlich nicht gelingen, was Kurtz in Belgisch Kongo erreicht hat: ein eigenes Reich zu schaffen, das auf Gewalt, Ausbeutung und Genozid

---

123 Ebd., S. 72.
124 Ebd., S. 179.

basiert. Kurtz entspricht sicherlich dem, was Mabuse erreichen will, auch wenn er selbst am Ende scheitert.

Interessant ist, dass die Geschichte Mabuses aus diesem Blickwinkel zu der Geschichte eines mehrfachen Scheiterns wird. Erst scheitert er mit seiner Pflanzung auf einer Salomonen-Insel, dann scheitert sein Plan der Kapitalanhäufung in Deutschland. Außerdem hat er es nicht geschafft, das Herz der Gräfin Told für sich zu gewinnen, trotz seiner überragenden manipulativen Macht über die Menschen. All diese Niederlagen entzaubern im Nachhinein das Herrschergebahren Mabuses und seine zur Schau gestellte Autorität. Der anfangs beängstigende Charakter Mabuses fällt so der Lächerlichkeit preis, wobei dieser Zug schon früher sichtbar wird. Mabuse ist in seiner Anlage absolut humorlos. Er nimmt sich selbst sehr ernst und ist absolut unempfänglich für Selbstironie. So erscheinen manche seiner Aussagen in ihrem brachialen Ernst allzu übertrieben und unfreiwillig komisch, wie diese Liebeserklärung an die Gräfin Told:

> „Ich kenne nur zwei Dinge: Herrschenwollen und Hassenmüssen! Seit diesem Tag kommst du dazu. Ich dachte anfangs: Die verbrennt mit in den zwei Flammen meines Gemüts. Es ist aber nicht wahr. Hundert sind drin verbrannt. Du nährst dich davon. Dir ist es Speise."[125]

Um seine Gefühle, die er für die Gräfin empfindet, akzeptieren zu können, kann er nicht anders als diese in brutale, archaische Metaphern zu kleiden. So wird sein Gemüt zur „Flamme" und die Gräfin die Einzige, die dieser würdig ist. Anstatt mit seiner Liebesbezeugung Schwäche zu zeigen, verwandelt er diese in ein Privileg für diejenige, der diese Gefühle gelten. Dies tut er jedoch in dermaßen überzogener Art, dass man sie nur als lächerlich bezeichnen kann. Doch darin legt Jacques den klugen Mechanismus seiner Charakterisierung offen. Dass Mabuse durchaus auch eine lächerliche Persönlichkeit ist, unterminiert nicht seine gefährlichen Aspekte in der Geschichte oder seine Wirkung im Text. Mehr noch, seine lächerliche Seite bekräftigt seine bösartige Persönlichkeit nur noch mehr. Denn diese ist *trotz* ihrer Lächerlichkeit absolut gefährlich und unberechenbar.

Sebastian Haffner stellt eine ähnliche Faszination für Adolf Hitler vor dessen Ernennung als Reichskanzler fest:

---

125 Ebd., S. 184.

„Dabei mochte Hitlers Person, seine Vergangenheit, sein Wesen, sein Reden, zunächst eher ein Handicap für die Bewegung sein, die sich hinter ihm sammelte. In weiten Kreisen war er 1930 noch eine eher peinliche Figur aus grauer Vergangenheit: der Münchner Heiland von 1923, der Mann des grotesken Bierhausputsches. [...] Aber hier zeigte sich bereits das Seltsame: die Faszination gerade des ganzen Widerlichen, Pfuhlhaften, triefend Eklen [...]. Die Faszination durch das Monstrum setzte ein; und zugleich das eigentliche Geheimnis des Falles Hitler, jene seltsame Benebelung und Betäubung der Gegner, die mit dem Phänomen einfach nicht fertig wurden und gleichsam unter der Wirkung eines Basiliskenblicks standen, unfähig zu erfassen, daß die personifizierte Unterwelt sie herausforderte."[126]

Die Ähnlichkeiten zu Mabuse sind evident. Was der subjektive Eindruck Haffners verdeutlicht, ist die Ambivalenz, mit der man der Person Hitler begegnet ist. Seine negativen Eigenschaften scheinen zu überwiegen, doch eine schwer zu fassende Faszination bleibt.

Auch an Mabuse überwiegen die eher exzentrischen Charakterzüge. Er ist klar als Außenseiter auszumachen, der sich in einem seltsam umständlichen Spiel der Verkleidung ergeht, der archaische Ansichten über den Menschen und die Gesellschaft hegt, der Gewalt und Unheil verbreitet, sich aber gleichzeitig von der Liebe zu einer Frau mitreißen lässt. Und doch geht sein Plan vom Terror aus dem Verborgenen zumindest für eine gewisse Zeitspanne auf. Dabei sind seine hypnotischen Fähigkeiten natürlich von entscheidender Bedeutung. Fähigkeiten, die Haffner im übertragenen Sinn auch Hitler zuschreibt, wenn er von der „Wirkung eines Basiliskenblicks" spricht, der die Gegner benebelt und betäubt. Auch wenn Jacques im Roman offen lässt, ob es ausschließlich die Hypnose oder auch die machtvolle Persönlichkeit Mabuses ist, die die Menschen vor ihm kapitulieren lässt, so muss man dieser Fähigkeit doch einen hohen Stellenwert für den Erfolg von Mabuses Operationen beimessen.

Und doch bleibt immer noch die Frage: wenn Mabuse eine so florierende Organisation im Verborgenen aufbauen kann, warum bleibt er nicht in Deutschland oder in Europa? Gegen Ende des Romans denkt Mabuse noch einmal an sein Dschungelreich:

---

126 Haffner, S.: Geschichte eines Deutschen. S. 87–88.

„Sein Fürstentum Eitopomar wartete mit Urwäldern, schwarzen Tigern, Klapper-
schlangen, in denen der Tod in einer Sekunde verabreichbar war, mit Gebirgen und
Wasserfällen, mit wilden Stämmen auf ihn, um ihn von Europa zu befreien … zu
erlösen. Jeder Tag konnte ihn zum Kaiser krönen."[127]

Mabuse spricht nicht mal von Deutschland, sondern einzig von Europa.
Deutschland repräsentiert für ihn lediglich den europäischen Kontinent, der
ihm verhasst ist. Hier wird die eskapistische Tendenz seiner Pläne erneut
offenbar. Er beschwört noch einmal ein grausames, jedoch romantisiertes
Bild eines Dschungels voller Gefahren und wilder Tiere und einer ursprünglichen Natur. Von Europa will er befreit, gar erlöst werden, was eine dezidiert
religiöse Note in seine Aussage bringt. Bereits seine Theorie über den Zufall
hat einen religiösen Zug[128], doch hier wird er explizit. Eitopomar erscheint
hier wie seine Version des Paradieses, das er jedoch nicht im Jenseits sieht,
sondern in seiner konkreten geographischen Veranschaulichung. In Eitopomar spiegelt sich also Mabuses Glaube. Er unterstellt all seine Träume und
Wünsche diesem (noch) nicht-existenten Reich.

Doch was hasst er an Europa dermaßen, dass er eine Erlösung davon her-
beisehnt? Der Hauptgrund muss seine Ablehnung der Zivilisation sein, die in
ihren gesellschaftlichen Codes zu komplex und ihrer unromantischen Ratio-
nalität zu nüchtern für Mabuse ist. Seine Weltsicht ist geprägt von Begriffen
wie Kampf, Herrschaft und Hass, er hat eine eher antagonistische Beziehung
zum Leben. Leben ist für ihn gleichbedeutend mit Widerstand gegenüber der
gewalttätigen Willkür der Natur. Und gerade darin liegen für ihn grenzenlose
Möglichkeiten. Wenn er ein Kaiser werden will, dann wird er es. Das ist in der
abgeklärten Zivilisation Europas, in der die Macht bereits verteilt ist, nicht
möglich. Das Zusammenspiel von sozialen und wirtschaftlichen Kräften, die
den Gang der Welt bestimmen, ist rigide und vorbestimmt. Es gibt keinen
Spielraum für abseitige Ambitionen, die diesen Gang gefährden könnten.

Mabuse ist ein radikaler Individualist, er ist nirgendwo zugehörig. Daher
fühlt er sich in Deutschland ebenso fremd wie in ganz Europa. Er selbst bestimmt, wo sein Zuhause ist. Dieser Individualismus, der von einer starken
Zerrissenheit herzurühren scheint, ist bereits in seinem Namen angelegt.
Jacques hat zur Genese des Namens folgendes geschrieben:

---

127 Jacques, N.: Dr. Mabuse, der Spieler. S. 224.
128 Vgl. S. 40.

„Der Name Mabuse war schon meinen Knabenaugen aus den belgischen Museen vertraut [...]. Er steht so merkwürdig eigentlich zwischen den Sprachen, klingt deutsch und hat doch in sich den Tonanflug anderer ganz fremder Sprachen, so daß er etwas Überdimensionales besitzt. So dachte ich mir, daß sein Klang einstimmte in das Mystische und Mythenhafte eines Mannes, der in einer Zeit lebte, in der man ein großer Verbrecher sein mußte, um ein großer Mensch zu sein ... einer Zeit, die als eine böse Mythe in der Einbildungskraft der Menschen weiter haften bleiben wird."[129]

Der Name stammt also aus dem Belgischen, verwehrt sich dennoch einer eindeutigen Zuordnung. Jacques spricht von einer „überdimensionalen" Qualität des Namens, der wie ein Konglomerat verschiedener Einflüsse wirkt. Der Name sticht hervor und verweist auf etwas, das über der normalen Zugehörigkeit von Nationalität steht. Es ist ein Name, der über anderen Namen steht. Er hat einen mysteriösen, beinahe obszönen Klang, eine suggestive Kraft. Dass der Name einer außerordentlichen Schurkenfigur entscheidend ist, merkt man an Mabuses Zeitgenossen: Fantômas, Fu-Manchu, Svengali, Dracula. Diese Namen sind ebenso einzigartig in Klang und Schreibweise, auch wenn sie teils von anderen Wörtern abgeleitet sind. Das Alleinstellungsmerkmal dieser Namen deutet bereits auf das Neue und Außergewöhnliche dieser Figuren, die das Produkt ihrer Zeit sind, gleichzeitig aber von einer radikalen Individualität.

Doch die Signalwirkung von Mabuses Namen funktioniert auch als Hinweis auf eine neue, eklektische Identität, frei von bestimmter und bestimmender Nationalität. Auch wenn Mabuse als Schöpfung der chaotischen Zustände der Weimarer Republik konzipiert wurde, so weist die Figur selbst ihre nationale Identität weit von sich. Als Geistesverwandter des Elfenbeinhändlers Kurtz will Mabuse eine ihm eigene Identität konstruieren, samt kulturell-geographischem Kontext. Aber dies zeigt auch, wie sehr beide Figuren sich ihrer europäischen Wurzeln bewusst sind. Über Kurtz, dessen Mutter zur Hälfte englischen und dessen Vater zur Hälfte französischen Ursprungs ist, schreibt Conrad: „All Europe contributed to the making of Kurtz."[130] Der Elfenbeinhändler mit dem ebenso deutsch klingenden Namen

129 Jacques, N.: Dr. Mabuse. S. 264.
130 Conrad, Joseph: Heart of Darkness. London: Penguin Books 1994 (Penguin Popular Classics; 26). S. 71.

und dem europäischen Ursprung hat eine ebenso einnehmende Persönlichkeit wie Mabuse. Auf der ganzen Schifffahrt Kapitän Marlowes wird über ihn gesprochen, dessen Name im Kongo bereits bekannt ist und gefürchtet wird. Wie Mabuse ist auch er ein „universal genius"[131], ein Mann vieler Talente, eine Führerpersönlichkeit, die als solche eine ihr eigene Philosophie verfolgt, die Kurtz in einem Bericht über die Eingeborenen des Dschungels für eine Internationale Gesellschaft festgehalten hat: „By the simple exercise we can exert a power for good practically unbounded."[132] Diese Macht hat ihn jedoch in dieser ihm fremden Umgebung korrumpiert. Doch vielleicht hat er auch nur seine wahre Bestimmung gefunden. Mabuse hingegen hat von Anfang von der Macht, über die er verfügt, selbstsüchtig Gebrauch gemacht, ohne sich von edlen Motiven ablenken zu lassen. Beide Figuren sind nichtsdestotrotz ein Produkt ihrer europäischen Erziehung, in ihrer Stellung zum Kolonialismus sowie ihrer Kriegsbegeisterung. Beide führen diese Tendenzen zu ihrem Extrem. Beide stehen auch für Jacques' zitierte Aussage, man müsse ein „großer Verbrecher" sein, um in dieser Zeit ein „großer Mensch" zu sein. Der Autor wirft damit einen ernüchternden Blick auf den europäischen Kontinent, der einen verheerenden Weltkrieg hervorgebracht hat, über den Jacques als Kriegsberichterstatter bestens informiert war. Die „großen Menschen" sind keine Staatsmänner mehr oder Schriftsteller oder Komponisten, sondern die Verbrecher, die sich nehmen, was sie wollen. Jacques mag hier polemisieren, doch die Sympathie, die er für Mabuse aufbringt, ist auffallend. Mabuses „utopisch-eskapistisches Aufbegehren", wie Scholdt es nennt, nimmt er ernst und kritisiert somit die problematische politische Lage des europäischen Kontinents und Deutschlands im Besonderen nach dem Ersten Weltkrieg. Doch Mabuse ist als Verbrecher – zumindest gemäß der klassischen Figurenauffassung – eben (auch) in der Rolle des Antagonisten. So muss er als negatives Beispiel einer fehlerhaften Entwicklung fungieren und seine Rolle im narrativen Konzept des Romans erfüllen, das heißt: scheitern.

---

131 Ebd., S. 40.
132 Ebd., S. 72.

Identitätskrisen

Wie bereits erwähnt, weist Mabuse eine nationale Identität von sich. Was hat er dann für ein Selbstbild bzw. wie gestört ist dieses Selbstbild eigentlich? Mabuses Auftauchen korrespondiert, leicht verzögert, mit der Geburt der Weimarer Republik. Der Erste Weltkrieg war im übertragenen Sinne die Geburtsstunde von beiden: Der Krieg zwang Mabuse nach Europa zurückzukehren und führte schließlich auch zur Gründung der Republik. Diese hat seitdem viele Metamorphosen erlebt, wie die zerschlagene deutsche Revolution 1918/19, politische Attentate und eine gemäßigte Regierung, die von einem rechten Polizeiapparat gestützt wurde. Man kann also durchaus behaupten, die Republik hat in ihren Anfangsjahren eine Identitätskrise durchlitten, mit permanent ungewissem Ausgang. Und die psychologischen Auswirkungen werden an Mabuse sichtbar. Denn die Frage, in welche Richtung sich die Weimarer Republik entwickelt, war für lange Zeit offen und Mabuses diverse Verkleidungen weisen auf diese Unentschlossenheit hin:

> „Es war immer ein anderer. Es war bald ein junger Sportsmensch, bald ein gesetzter Provinzpapa, bald ein blondbärtiger, wie ein Künstler zurechtgemachter Mann, bald ein ein entsprungener Raubmörder ... bald ein entthronter Fürst ... heute Franzose, morgen aus Leipzig [...] Es war immer ein anderer, aber die Phantasie legte die verschiedenen Bilder übereinander und machte eines daraus."[133]

Zwischen all diesen verschiedenen Identitäten sticht eine, auch durch die Interpunktion, besonders hervor und zwar die des „entthronten Fürsten". Sein Dschungelreich Eitopomar bezeichnet Mabuse an einer Stelle als Fürstentum.[134] Die Rolle des Fürsten, der sein Reich verloren hat, scheint bei Mabuse immerzu präsent zu sein. Mit dem Verlust seines Reiches muss bei einer solch stolzen und herrschsüchtigen Persönlichkeit natürlich ein großes Maß an Erniedrigung und Niederlage einhergehen. Diese Erniedrigung ist es, die ihn zu seinen Taten zwingt, die vielleicht auch als Akt der Vergeltung gegenüber Deutschland zu lesen sind, haben Mabuses organisierte Verbrechen doch durchaus destabilisierende Wirkung. Hier würde sich darüber

---

133 Jacques, N.: Dr. Mabuse, der Spieler. S. 22.
134 Vgl. Ebd., S. 224.

hinaus auch eine Analogie zu Hitler anbieten, der den Versailler Vertrag als ebensolche Schmach empfand und seine Taten als Antwort darauf, als Vergeltung verstanden wissen wollte.

Mabuse hat also eine Art Geheimidentität, doch anders als Hitler macht er sie nicht öffentlich zu einem Politikum. Er spielt die unterschiedlichsten Rollen in einer Gesellschaft, die er nicht anzuerkennen scheint. Und doch muss sich die Frage stellen, warum er dennoch mithilfe fremder Rollen in diese Gesellschaft eintaucht, in der Menge untergeht und sich anonym eingliedert? Vielleicht steckt darin der geheime Wunsch, dazuzugehören, als Teil der Gesellschaft akzeptiert zu werden. Teil von Mabuses Identitätskrise würde demnach auch seine problematische Beziehung zur deutschen Gesellschaft sein. Während Hitler dieses Problem mit der Überidentifikation mit dem Deutschsein gelöst hat, bleibt Mabuse gespalten. Zumindest ist seine Identität im Deutschen tief verwurzelt, trotz oder vielleicht gerade wegen seiner Fluchtversuche in exotische Gefilde.

Auch Mabuses Doppelrolle als Psychologe und Verbrecherboss mutet geradezu schizophren an. Auf der einen Seite ist er ein etabliertes, sogar höhergestelltes Mitglied der Gesellschaft, das Einladungen zu Soirées und Abendgesellschaften erhält und dessen Fähigkeiten im Bereich der Hypnose auch vonseiten der Kollegen geschätzt werden. Er verfügt also über einen gewissen Reichtum und Anerkennung, überhaupt über eine Karriere, und das in unruhigen Zeiten. Er gehört also zur Gesellschaft, zumindest diese Teilidentität Mabuses. Doch das bedeutet ihm andererseits offenbar nichts oder er nimmt es als weiteres Spiel, das er mit der ahnungslosen Gesellschaft spielt, gegenüber der er ohnehin ein großes Misstrauen hegt. Überhaupt hat Mabuse keine hohe Meinung vor seinen Mitmenschen, er ist ein Misanthrop, der auch seine Untergebenen streng auf Distanz hält. Als ihn sein Mann Spoerri vor einer Polizeikontrolle warnt, hat Mabuse dafür nur Verachtung übrig:

> „Ich habe drei und eine halbe Million bei mir in der Aktentasche. Wenn Sie wagten, mich zu erwürgen, täten Sie es. Aber Sie wagen es nicht. Das ist alles. Das ist die ganze Menschlichkeit und Liebe. Sie haben im letzten Jahr von mir 85677 Mark bekommen [...] genügt das Ihnen, kein Mordgelüst gegen einen Menschen zu haben? [...] Dann sind Sie ein Knecht. Mein Knecht."[135]

---

135 Ebd., S. 67.

Von dem Zynismus, mit dem Mabuse Spoerri begegnet, abgesehen, liegt in seinen Worten viel Bitterkeit. Beklagt er hier die Abwesenheit von Menschlichkeit und Liebe? Was er hier äußert, würde zumindest fast als Kapitalismuskritik durchgehen. Genau wie Wenk prangert er hier, wenn auch auf fatalistische Weise, den Verlust der Moral angesichts des Geldes an.

Das macht das Gegensatzpaar Mabuse – Wenk so interessant: Beide sind sich nicht unähnlich. Wenk nutzt am Anfang des Romans sogar Mabuses Methode der Verkleidung, um so näher an ihn heranzukommen.[136] Beide haben also nicht nur einen ähnlichen Blick auf die Ereignisse, sie zögern auch nicht, die Methoden des jeweils anderen anzuwenden. Ein ähnliches Verhältnis ist bei Fantômas und seinem Gegenspieler Inspektor Juve anzutreffen. Für Brandlmeier repräsentieren die beiden „das klassische Schizophrenenpaar von Staatsbürger und Privatmann."[137] Sie repräsentieren also zwei Seiten derselben Medaille bzw. zwei unterschiedliche Rollen, die das Individuum im modernen Gesellschaftsgefüge einnehmen, miteinander in Einklang bringen muss. Auf Mabuse und Wenk übertragen bedeutet das, dass sie die zwei gegensätzlichen Seiten einer Person verkörpern. Staatsmann und Verbrecher; gesetzestreu und gesetzlos: eine weitere Doppelrolle, die für die Zerrissenheit dieser Epoche steht.

So erklären sich zumindest Mabuses gelegentliche Aufwallungen moralischer Natur. Er hat seine moralische Seite im Grunde erfolgreich unterdrückt. Doch sie zeigt sich gelegentlich in verzerrter Form, als zynische Bemerkung oder grausame Geste. Manchmal unterdrückt er sie auch mit Alkohol:

> „Er mußte trinken. Er trank und feuerte seinen bösen, starken Geist an. Seine Phantasie fand im Rausch die Einfälle der großen Geschäfte, wenn sie von seinem Willen alle Ablenkung nach außen fernhielt, und der Rausch ihn in sich selber einschloß wie in eine Burg aus tausendundeiner Nacht."[138]

Hier wird wieder die bereits formulierte eskapistische Tendenz offenbar, die Mabuses Handeln auszeichnet. Der Rausch, in den er sich absichtlich begibt, hilft ihm, sich von der Außenwelt abzuschotten und sich seinen Plänen zu widmen. Der Rausch wird buchstäblich märchenhaft umschrieben, was

---

136 Vgl. ebd., S. 35–36.
137 Brandlmeier, T.: Fantômas. S. 15.
138 Jacques, N.: Dr. Mabuse, der Spieler. S. 72.

wiederum auf seine Abscheu der gegenwärtigen Realität gegenüber verweist. Doch der Rausch gehört für ihn auch zum Mannsein dazu, ist eine Bewährungsprobe, ein Wettbewerb, den er meist gegen seinen Untergebenen Spoerri gewinnt. Doch noch mehr scheint er auf eine transzendente Ebene zu verweisen, auf die bereits angesprochene Sphäre des Religiösen. Er repräsentiert eine Erfahrung, die außerhalb der materiellen Welt steht: „Mabuse sehnte sich nach einem Rausch, nach einem bleischweren Rausch, der ihn am Hals faßte und unter das Wasser drückte ..."[139] Man bekommt den Eindruck, er wünscht sich eine Marter, die ihm eine tiefe, existentielle Erfahrung beschert. Daher sehnt er sich nach einem Leben außerhalb von Ordnung und Konvention, Bürokratie und Staatstreue. Sein Wunschreich Eitopomar befindet sich geographisch bereits außerhalb dieser zivilisatorischen, für Mabuse absolut einengenden Begriffe. Und es ist kein Zufall, dass sein Reich sich in wilder Natur befinden muss. In der Natur sieht er das Leben noch unberührt von zivilisatorischen Einschränkungen, die die Spiritualität des einfachen Lebens kontaminieren. Mabuse braucht die existentiellen Bewährungsproben des Dschungels genauso wie das Gefühl uneingeschränkter Herrschaft über das Land, das ihm gehört. Im Prinzip errichtet er im Dschungel eine Umgebung, in der er selbst (s)ein Gott ist.

Diese delikate Mischung aus Größenwahn, Spiritualität und Eskapismus bestimmt zum großen Teil seinen Charakter und seine Identität. Seinem Dschungelreich, das noch nicht existiert, begegnet er mit mehr Enthusiasmus als der realen Republik, die ihn lediglich mit Bitterkeit und Zynismus erfüllt. Mabuse ist seiner Umwelt absolut entfremdet. Er ist ein *man out of time*, dessen größter Fehler es ist, zu lange in Europa zu verweilen. Je länger er hier agiert, umso mehr Fehler macht er.

Norbert Jacques porträtiert auf den ersten Blick einen diabolischen Verbrecher ersten Ranges, der mit seiner im Geheimen operierenden Organisation und seinen innovativen technischen Apparaturen die Republik destabilisiert. Doch Mabuse ist ein geheimer Romantiker, der eigene, exzentrische Pläne verfolgt, die mit Europa letztendlich nichts zu tun haben. Er ist ein zu spät geborener Eroberer, der ein regressives Leben gegenüber einer modernen, europäischen Existenz vorzieht. Die Tatsache, dass Mabuse

---

139 Ebd., S. 222.

schon einmal versucht hat, ein eigenes Reich auf den Salomonen zu errichten und gescheitert ist, verleiht seinen jetzigen Unternehmungen eine beinahe verzweifelte Note. Und trotz seiner Aversion gegenüber dem europäischen Kontinent hat er ein überraschend präzises Verständnis von den politisch-sozialen Ereignissen in Deutschland und wie er sie sich zunutze machen kann. Dies zeigt, dass er sich einerseits als *man out of time* gebiert, aber andererseits sehr wohl zu seiner Zeit gehört. Er verkörpert die deutsche Zerrissenheit, und er ist sich dessen schmerzhaft bewusst. Die unfreiwillige Identifikation mit seiner Heimat macht ihn krank.

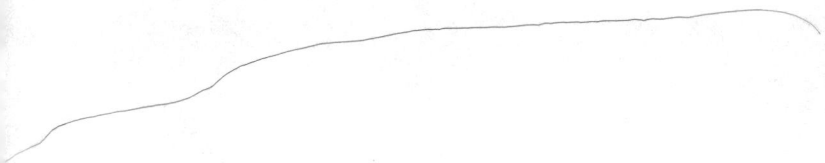

Die 1000 Augen des Fritz Lang

Fritz Langs Interesse für spektakuläre Kriminalfilmstoffe zeigte sich bereits früh in seiner Karriere. Er selbst sah sich als Künstler, „dem es um Kolportage, um Unterhaltung, um Spannung ging", der von Karl May ebenso beeinflusst war wie von Louis Feuillades Serials wie FANTÔMAS oder JUDEX.[140] Langs erste Arbeit, die von Feuillade und den schillernden Verbrecherfiguren seiner Zeit inspiriert war, war der Episodenfilm DIE SPINNEN (1919/29), vermutlich eine Antwort auf Feuillades ähnlich gelagertes Serial LES VAMPIRES (1915/16). Das Abenteuer um eine maskierte Räuberbande, die artistische Fassadenkletterer und brutale Erpresser gleichermaßen waren, war auch Präludium zu Langs zweiteiligem DR. MABUSE, DER SPIELER (im Folgenden: DER SPIELER). Nach diesem Film schuf er mit SPIONE den ersten Spionagethriller weltweit.[141]

Sein erster Tonfilm M – EINE STADT SUCHT EINEN MÖRDER sowie DAS TESTAMENT DES DR. MABUSE demonstrierten endgültig Langs Interesse für das Verhältnis von Individuum und Verbrechen. Zum Kindermörder in M meint Patalas: „Er ist destruktive Lust, wie Mabuse, aber er kontrolliert sie nicht, setzt sie nicht um in Macht, deshalb hat er das Gesetz gegen sich."[142] In beiden Filmen konzentriert sich Lang auf die Hauptfigur des Verbrechers, die in M mehr als Opfer und in TESTAMENT mehr als Infrastruktur des Bösen auftritt. Wie die Gesellschaft sich zu diesen Figuren verhält ist genauso Thema der Filme wie die Verbrechen selbst. Bereits in DER SPIELER ist dieses Verhältnis von Protagonist und Gesellschaft von besonderer Bedeutung. Denn neben dem Augenmerk auf Mabuses spektakuläre Operationen malt Lang in wenigen prägnanten Skizzen ein Bild seiner Zeit. In seiner Intention, Abenteuer und Effekt mit einem gesellschaftlichen Portrait zu verknüpfen, ist der Film Jacques' Roman sehr ähnlich. Lang interessiert der sozialpolitische Unterbau einer Szene genauso wie ihr Spannungsgehalt.

---

140 Vgl. Grob, Norbert: Fritz Lang. S. 75.
141 Vgl. ebd., S. 127.
142 Patalas, E.: Kommentierte Filmografie. S. 100.

Die Abwesenheit des Paradieses

In Jacques' Roman ist die treibende Kraft hinter Mabuses Operationen sein Traum vom eigenen Kaiserreich im Urwald. Drehbuchautorin Thea von Harbou und Regisseur Fritz Lang verzichten auf das Motiv des Dschungelreichs. Dies scheint einerseits lediglich eine kleine Änderung gegenüber dem Roman zu sein, eine Auslassung aus Zeitgründen. Doch gerade diese Auslassung verändert die Motivation Mabuses vollkommen. Eitopomar ist Movens wie Telos von Jacques' Romanheld und Mabuse der gescheiterte Auswanderer, der einen zweiten Anlauf unternimmt, ein Leben fernab der Zivilisation zu führen.

In INFERNO. EIN SPIEL VON MENSCHEN UNSERER ZEIT, dem zweiten Teil von DER SPIELER, erzählt Mabuse der Gräfin Told lediglich, dass er sich mit ihr ins Ausland absetzen will. Ein schwaches Echo des Eitopomar-Motivs, das keinerlei Auswanderungspläne suggeriert. Mabuse will vermutlich das Land aus Sicherheitsgründen verlassen, für eine Weile oder vielleicht für immer. Das bedeutet, dass er in einem anderen Land wieder auftauchen wird, um seinem verbrecherischen Naturell zu folgen. Somit stellt sich die Frage: Was will Mabuse? Lang beantwortet sie an mehreren Stellen, ohne sie befriedigend zu klären.

In den Szenen, die Mabuse mit Gräfin Told verbringt, offenbart er gewisse Züge seines Charakters. Im ersten Teil DER GROSSE SPIELER. EIN BILD DER ZEIT ist Mabuse in seiner Rolle als Psychoanalytiker bei einer Séance eingeladen, wo er die Gräfin das erste Mal trifft. Auf ihre Frage, was ihn interessiert, antwortet er im Zwischentitel: „Das Spiel mit Menschen und Menschen-Schicksalen." Bei ihrem nächsten Treffen, als die Gräfin von der Liebe schwärmt, antwortet er ihr: „Es gibt keine Liebe, – es gibt nur Begehren! – Es gibt kein Glück, – es gibt nur Willen zur Macht!"

Das Motiv des Spiels, das bereits bei Jacques so relevant als Metapher für die Weimarer Zeit fungiert, taucht wieder auf. Das Spiel mit Menschen ist für Mabuse Ausdruck von Macht. Sein „Wille zur Macht", den er Nietzsche entliehen hat, funktioniert als Selbstzweck, denn das Spiel ist letztlich nichts anderes. Ein Spiel verfolgt keinen tieferen Sinn als den des Spiels. Das Spiel ist seine eigene Berechtigung, es existiert zum Vergnügen. Mabuses

Machtbegriff ist eng daran gebunden. Er benutzt seine Macht nicht, um ein höheres Ziel zu erreichen, wie die Errichtung eines eigenen Reichs im brasilianischen Dschungel oder den politischen Umsturz oder überhaupt politische Macht. Dabei könnte seine Macht theoretisch bis in die höchsten Sphären der Politik vordringen. Und doch begnügt er sich damit, sein Spiel mit Individuen zu treiben, wie dem reichen Grafen Told oder dem Millionärssohn Hull. Auch mit Staatsanwalt Wenk spielt er sein grausames Spiel, doch nur, weil dieser sich ihm entgegenstellt. Interessant, dass sich, bevor Wenk auftritt, Mabuses Machenschaften auf die Oberschicht konzentrieren. Wenn Geld manchmal mit Macht gleichgesetzt wird, dann hält Mabuse geradezu subversiv dagegen. In seiner wortwörtlich spielerischen Manipulation von wohlhabenden Casinobesuchern demonstriert er, dass deren Geld im Zweifelsfall keine Hilfe ist. Mabuse schlägt die Macht des Geldes dank seiner hypnotischen Fähigkeiten. Und er spottet zusätzlich über die Oberschicht, in dem er sich als anerkannter Psychoanalytiker in ihren Kreisen bewegt, in denen er sich für die Psychoanalyse als „Faktor in der modernen Heilkunde" ausspricht. Gleichzeitig behandelt er den Grafen Told, den er mit seinen Methoden schließlich in den Tod treibt.

Auch wenn Mabuse seine Operationen zur Geldanhäufung betreibt, so scheint ihm Reichtum an sich nichts zu bedeuten. Seine ausgefeilten Manipulationen von Vertretern des Geldes weisen eher auf das Gegenteil hin. Macht ist für Mabuse kein Statussymbol und hat auch keinen Stellvertretercharakter. Sie ist ein für sich stehendes Element, eine Fähigkeit, zu der nur Auserwählte Zugang haben. Diesem „philosophisch sicherlich fehlgedeutete[n]"[143] Willen zur Macht ordnet sich Mabuse unter, der weder an Glück noch an Liebe glaubt. So erscheint er als Nietzsche-Epigone, der seine strenge, misanthropische Weltanschauung auf die Außenwelt überträgt. Doch sein Scheitern ist in gewissem Sinne vorprogrammiert. Von Harbou und Lang wissen um das Schicksal Nietzsches, der der geistigen Umnachtung anheimfiel. Gleiches geschieht auch Mabuse am Ende. Wenk hat sein Versteck umstellen lassen, seine Helfer verhaftet und ihn in die Flucht getrieben. Mabuse wird, von Halluzinationen heimgesucht, wahnsinnig. Das Ende wirkt

---

143   Eichberg, R.: Nietzsches Spuren in der Figur des Dr. Mabuse. S. 76.

dadurch wie eine moralische Lektion, die die „verwerflichen Ansichten"[144] Nietzsches rügt.

Die Carozza, eine willige Helferin Mabuses, wagt es einmal, Kritik an ihrem geliebten Chef zu üben: „Du spielst mit Geld, – mit Menschen –, – mit Schicksalen ... Am grauenvollsten mit Dir selbst ... !" Sie weiß um die selbstzerstörerische Seite Mabuses, die ihn schließlich scheitern lässt. Was immer er für Ziele verfolgt, er scheint sich immer wieder von seinem Machthunger ablenken zu lassen. Und der Zwang, seine Macht immer und überall zu demonstrieren, führt ihn stets in die Enge. Indem Mabuse zum Beispiel die Gräfin Told entführt und ihren Ehemann in den Wahnsinn treibt, kommt ihm Staatsanwalt Wenk auf die Spur. Mabuses unerwidertes Begehren für die Gräfin wird ihm so in doppelter Hinsicht zum Verhängnis. Es ist nicht nur der Anfang vom Ende seiner Operationen, die Zurückweisung kommt einer Negation seiner Macht gleich. In einem Zwischentitel erklärt sich Mabuse der Gräfin in fast entwaffnender Art und Weise: „Das Spiel zwischen Ihnen und mir muß zu Ende kommen ... So – oder so! Ich bin nicht mehr der Mann, der ich war. Ich mache Fehler... ich verliere die Nerven..." Ein eindeutiges Eingeständnis von Schwäche, doch vielleicht auch eine codierte Liebesbezeugung. Niemals würde Mabuse seine Gefühle oder Intentionen einem anderen Menschen vollends offenbaren, das würde ihn verletzlich erscheinen lassen und seinem Gegenüber einen eventuellen Vorteil verschaffen. Und menschliche Beziehungen, das ist auch mit diesem Zwischentitel belegt, stellen für Mabuse nur ein weiteres Spiel dar. In diesem Kontext ist auch eine Liebesbeziehung ein Spiel, bei dem einer von Beiden die Oberhand hat. Es kann keine ausgeglichene Begegnung geben. Das verschafft Mabuse auch Distanz zu seinen Mitmenschen, die nötig ist, um seine Person geradezu mythologisch zu verklären. Mabuse achtet daher sehr genau auf seine Selbstinszenierung. Klein-Rogge spielt ihn stets mit einer starken Neigung zum Pathetischen. Das Szenenbild nutzt der Schauspieler quasi als Bühne, denn die ostentative Theatralität seines Spiels würde auch zu einem Shakespeare-Stück passen. Mit seinen gewaltigen Gesten und seiner, durch das Make-Up hervorgehobenen, Mimik macht er sich zum Mittelpunkt jeder Szene, in der er auftritt. Und auch wenn er für die meisten anderen Menschen

---

144 Ebd., S. 75.

nur Verachtung übrig hat, so braucht er doch deren Aufmerksamkeit: er braucht ein Publikum.

Auf die Frage, wie er zum Expressionismus stehe, antwortet Mabuse getreu seiner Philosophie: „Expressionismus ist Spielerei ... Aber warum auch nicht? – Alles ist heute Spielerei – !" Hier soll Fritz Lang keine Expressionismus-Kritik unterstellt werden, wäre er doch beinahe Regisseur von DAS CABINET DES DR. CALIGARI geworden.[145] Doch indem er Mabuse diese Stilrichtung gegenüber dem gelangweilten Grafen und Kunstsammler Told kommentieren lässt, formuliert er eine Einstellung, die er für zeittypisch hielt. Seine Intention war es nach eigener Aussage, „den deutschen Menschen" zu „schildern. [...] Mabuse, das war der Nachkriegsdeutsche."[146] Lang überträgt seine Überlegungen zum zeittypischen Deutschen der Nachkriegszeit auf Jacques' Titelfigur. Das erscheint zunächst ungewöhnlich. Mabuse ist ein in jeder Hinsicht schillernder Charakter, ein Individualist mit außergewöhnlichen Fähigkeiten und dezidiert diabolischen Absichten. Inwiefern stellt er also ein Exempel dar? Doch bereits Norbert Jacques äußert in seinem Roman eine deutliche Zeitkritik. Er sagt, dass eine Figur wie Mabuse nur in dieser Zeit möglich sein könne und genau das greift Lang auf. Er zeigt in seinem zweiteiligen Film populäre Phänomene seiner Zeit, wie die Psychoanalyse, die Hypnose, die Spekulation an der Börse, illegales Glücksspiel, und verknüpft sie mit Mabuse, was zur Folge hat, dass er diese Phänomene negativ besetzt. Und alles ist, wie Mabuse sagt, Spielerei. Lang, der gemäßigte Konservative[147], sieht diese Ausprägungen der Moderne eher kritisch, er scheint nur die negativen Seiten dieser Entwicklungen zu sehen. Die Psychoanalyse wie die Hypnose sieht er als Mittel zur Manipulation, die Spekulation an der Börse hält er für gefährlich und fahrlässig und die Protagonisten seines Glücksspielmilieus sind Verbrecher, Huren, reiche Leute schwachen Charakters. In der Figur Mabuse treffen all diese Tendenzen aufeinander. So porträtiert Lang seine Zeit mithilfe einer fiktiven Figur, die aus dieser Zeit kommt und diese gleichsam mit zu verantworten hat. Die Figur legitimiert quasi das von Lang anvisierte Zeitbild.

---

145 Vgl. Grob, N.: Fritz Lang. S. 78.

146 Lang, F.: Aus, Tableau. S. 274.

147 Vgl. Scholdt, Günter: Zum Briefwechsel Jacques – Harbou – Lang. In: Das Testament des Dr. Mabuse. Hg. v. Michael Farin und Günter Scholdt. Reinbek bei Hamburg: Rowohlt 1997. S. 218–223, hier S. 221.

Will Mabuse also sein Eitopomar im eigenen Land errichten? Das ist unwahrscheinlich. Anders als Jacques' Mabuse will er in Langs Interpretation sein nihilistisch angehauchtes Spiel mit „Menschen und Menschen-Schicksalen" realisieren. Er akzeptiert weder Monarchie noch Republik, er handelt eher subversiv: „Ihn reizt das ständig erneuerte Spiel mit der Macht, die Untergrabung der öffentlichen Ordnung. [...] Wer nach dem gewaltigen Börsencoup der ersten Episode, der Mabuse Millionen bringt, den Griff nach noch mehr öffentlicher Macht erwartet, sieht sich getäuscht."[148] Auf diese Episode muss näher eingegangen werden. Sie gehört zur allerersten Sequenz des ersten Teils des Films, der mit dem Zwischentitel beginnt: „Er und sein Tag..."

Der Film beginnt mit einer Großaufnahme von Händen, die mit Spielkarten agieren. Bei näherem Hinsehen fällt auf, dass es keine Karten sind, sondern Porträtfotografien. Die Hände gehören Mabuse und er mischt die Fotos wie Karten. Auf den Fotos sind (zumindest in einer markanten Auswahl) seine verschiedenen Identitäten zu sehen. Nach dem Mischen holt er eine beliebige Karte heraus und übergibt sie seinem Assistenten Spoerri. Dieser soll ihn dem Foto entsprechend schminken.

Hier wird Mabuses Hang zum Spiel besonders deutlich. Anstatt logisch zu argumentieren, welche Verkleidung in welcher Situation angebracht wäre, lässt er den Zufall entscheiden. Wenn man derartig komplexe Verbrechen plant wie Mabuse, dann ist solch ein Verhalten eigentlich untragbar, weil viel zu riskant. Es ist zum Scheitern verurteilt. Und genau das passiert am Ende. Bereits im Titel DR. MABUSE, DER SPIELER ist das destruktive Element der Titelfigur explizit und liefert einen Hinweis auf sein Scheitern. Während bei Norbert Jacques der zweite Versuch der Emigration einen tragischen Blick auf den Protagonisten eröffnet, so ist es im Film das unkontrollierte Verlangen nach dem Spiel, dem Zufall, dem Risiko (vielleicht auch dem Chaos?).

In einer Parallelmontage sehen wir die scheinbar harmlosen Schminkszenen sich mit anderen scheinbar unzusammenhängenden Szenen abwechseln: Mabuses Gehilfe Georg wartet mit seinem Auto mitten auf der Straße und schaut auf seine Uhr; in einem Zugabteil befinden sich zwei Männer und

---

148 Patalas, E.: Kommentierte Filmografie. S. 89.

eine Aktentasche mit Handelsverträgen; dazwischen schaut Mabuse immer wieder auf seine Taschenuhr. Dann ermordet der eine Mann im Abteil den anderen, nimmt die Aktentasche an sich und wirft sie aus dem Zug, direkt in das fahrende Auto Georgs. Ein Mann auf einem Telegraphenmast, der wohl alles beobachtet hat, ruft Mabuse an und sagt nur: „Full hand!" Mabuse ist bald darauf fertig geschminkt. Dann kommt sein Assistent Pesch herein und informiert ihn über den genauen Inhalt der Handelsverträge. Daraufhin rügt Mabuse seine Verspätung. Dies wird er im Film noch einige Male mehr tun. Von Harbou und Lang statten Mabuse hier mit einer preußischen Strenge aus, die die Pünktlichkeit über alles wertschätzt. Ein ironischer Kontrast zu seinem Hang zum Spiel, der ganz und gar nicht tugendhaft ist.

Diese Parallelmontage zeigt, wie der Zwischentitel schon suggeriert, einen typischen Tag im Leben von Mabuse. Während er sich unaufgeregt einer Schminkprozedur unterzieht, wird, seinen Befehlen gemäß, gemordet, gestohlen und observiert. Die Routine dieses Tags zeigt, dass sich Mabuse stets in Extremen bewegt. Sein Alltag ist bereits von einer unerhörten Maßlosigkeit geprägt, was sein Verhältnis zur Macht verdeutlicht: Macht kommt für ihn einem Rausch gleich, dem er sich nicht entziehen kann. Und als Glücksspieler weiß er um die Wirkung eines heftigen Rausches. Das ist seine Droge und er braucht sie in hohen Dosen.

Kurz bevor er sich zum Schminken bereitmacht, rügt er Spoerris Kokainsucht. Auch das erscheint in diesem Kontext wie ein ironischer Kontrast, ist er doch selbst ein Süchtiger, der sich jedoch an sich selbst und seinem Spiel berauscht.

Mabuse geht nun, verkleidet als distinguierter alter Herr mit Bart, verteilt Falschgeld an Bettler und wird kurz darauf in einen leichten Autounfall verwickelt, den er wahrscheinlich selbst provoziert, um sein Auto loszuwerden. Er hinterlässt an einem routinemäßigen Tag eine Spur der Verwüstung.

Später wird er, wieder anders verkleidet, an der Börse auftauchen und den Pressewirbel um die gestohlenen Handelspapiere für sich ausnutzen, um in kurzer Zeit Millionen zu verdienen.

An der Börse ist sehr schön zu sehen, wie Mabuse über all den Spekulanten physisch herausragt. Er steht seelenruhig auf einem Podest, während unter ihm die Panik losbricht. Gleichzeitig gehört er aber auch zu den Spekulanten, er ist einer von ihnen. Auch wenn er in vielerlei Hinsicht herausragt, so fällt er doch in der Menge nicht auf. Hier legt Lang bereits den Grundstein für kommende Interpretationen von Jacques' Schöpfung. Mabuse tritt zwar als unsichtbare, dämonische Kraft aus dem Hintergrund auf. Dennoch ist er kein klassischer Strippenzieher, denn dafür ist er in seine Verbrechen zu sehr involviert. Sein Einfluss und seine Macht könnten es ihm erlauben, für die Maskeraden und die Börsenspekulationen Leute einzustellen, doch er nimmt alles selbst in die Hand. Für Lang ist er die personifizierte Metapher der Jahre, die er als chaotisch und gefährlich ansieht. Mabuse muss also selbst agieren. Und genau das, sowie seine durch aufwändige Maskerade schwer fassliche Persönlichkeit, machen aus ihm weniger einen realen Charakter als ein Symbol oder auch eine übersteigerte dämonische Gestalt, vergleichbar mit Murnaus Nosferatu oder dem Golem aus Paul Wegeners DER GOLEM (1915).

Dieser erste Teil (im Film Akt genannt), eine rund zwanzigminütige Sequenz, zeigt die ganze Bandbreite mabusischen Terrors. Tatsächlich wird Mabuse nach diesem ersten Akt (der in der Vorlage keine Entsprechung hat) keine Verbrechen begehen, die ähnlich spektakulär sind. Nach der großen Börsenmanipulation platziert ihn Lang, gemäß Jacques' Vorlage, im Glücksspiel- und Falschgeldmilieu. Mabuse könnte sich, das wird dem Zuschauer klar, in der Politik, vielleicht sogar in der Weltpolitik bewegen, er könnte den Staat infiltrieren, einen Weltkrieg anzetteln. Und tatsächlich verfügt er auch über Spitzel bei der Polizei, aber an derlei (welt-)politischen Machtspielen scheint er gar kein Interesse zu haben. Er hat Potential, das er nicht ausschöpft, vielleicht gar nicht ausschöpfen will. Das macht ihn so unberechenbar und gefährlich. Man könnte behaupten, Mabuse hat potentiellen Zugang zu noch größerer, weitreichenderer Macht, aber er verzichtet darauf. Patalas wies bereits darauf hin: Mabuse ist „eher ein Subversiver als ein Autokrat."[149] Und als Subversiver greift er den Staat in doppelter Hinsicht an: Während ein gewöhnlicher Verbrecher den Staat um dessen Macht beneidet und diese „anzuzapfen" versucht, hat er doch, zumindest indirekt, Respekt vor dem Staat. Der Subversive jedoch greift die Stellung des Staates an, weil er ihn permanent in Frage stellt. So hat Staatsanwalt Wenk allen

---

149 Patalas, E.: Kommentierte Filmografie. S. 89.

Grund, Mabuse zu bekämpfen. Ihre Namen weisen schon orthographisch auf zwei Gegensätze hin. Die Anfangsbuchstaben ihrer Namen sind „W" und „M". Mabuses „M" ist Wenks „W" auf den Kopf gestellt. Wenks Werte bedeuten für Mabuse genau das Gegenteil. Darin liegt auch ein anarchistischer Zug: „Mabuse ist seinem Wesen nach ein ‚prinzipienloser' Tyrann", eher ein „Vertreter der Anarchie der Macht als einer wie auch immer strukturierten Ordnung."[150]

Eine wichtige Änderung Langs gegenüber der literarischen Vorlage ist der Ort des Geschehens. Die Forschung ist sich einig, dass Langs Film, auch wenn er ihn nie konkret benennt, in Berlin spielt[151], während Jacques seinen Roman zum Großteil in und um München herum ansiedelte. Das ist für die Figurenkonzeption Langs von entscheidender Bedeutung. Berlin als Hauptstadt ist das Zentrum, in dem sich die wichtigsten Ereignisse des Landes abspielen. Was in Berlin passiert, hat eine repräsentative Qualität und wenn Lang mit Mabuse den Nachkriegsdeutschen porträtieren wollte, dann musste er ihn auch im Zentrum Deutschlands einsetzen. Lang selbst äußerte sich zu dem Verhältnis Mabuse-Berlin folgendermaßen: „Und er [Mabuse] spielt mit dem Leben dieser Menschen, und er spielt mit dem Tod. In dieser Zeit gab es ein Plakat in Berlin: ‚Berlin, dein Tänzer ist der Tod.'"[152] Mabuse wird in diesem Kontext zur Verkörperung eines Todestriebs, der für das gesellschaftliche und politische Chaos des Landes steht.

Lang nimmt diese von Jacques formulierte Idee und spezifiziert diese. Er befreit die Metapher von der, seiner Ansicht nach, überflüssigen exotistischen Note, die eindeutig aus Jacques' eigenem Themenkomplex stammte. Dessen Eitopomar-Motiv bringt eine zusätzliche Dimension in Mabuses Charakter, die diesen komplexer ausgestaltet, als es für Lang vonnöten ist. Langs Mabuse darf keine allzu individualistischen Züge haben, wenn er als

---

150 Seesslen, Georg: Filmwissen: Thriller. Grundlagen des populären Films. Marburg: Schüren 2013. S. 40.

151 Vgl. Sturm, Georges: Mabuse, ein Bild der Zeit, ein Spiel mit dem Bild. Zu den vier Mabusefilmen von Fritz Lang. In: Das Testament des Dr. Mabuse. Hg. v. Michael Farin und Günter Scholdt. Reinbek bei Hamburg: Rowohlt 1997. S. 336–359, hier S. 336.

152 Lang, F.: Aus, tableau. S. 270.

nichtsdestotrotz präzise Metapher für die Verhältnisse dienen soll. Er darf höchstens zeittypische oder urdeutsche Charaktereigenschaften aufweisen, um seinen repräsentativen Charakter beizubehalten. Auch ansonsten ist sein Charakter nicht von feinen psychologischen Nuancen geprägt, sondern von übersteigerten Handlungen und Aussagen. Lang stellt die Figur also in den Dienst der Metapher.

Mythos und Wahnsinn

Ein Zwischentitel aus INFERNO zeigt, wie von Harbou und Lang Jacques' komplex angelegter Schöpfung einen fast karikaturhaften Zug verpassen: „Jetzt soll die Welt erst erfahren, wer ich bin, – ich! Mabuse! – Ich will ein Gigant werden, – ein Titan, der Gesetze und Götter durcheinander wirbelt wie dürres Laub!!"

Da ist nicht Norbert Jacques' Mabuse ist. Dieser will der Zivilisation für immer den Rücken kehren. Doch Langs Mabuse will die Macht. Indem sich Mabuse hier als zukünftiger Gigant und Titan bezeichnet, wird eine mythologische Ebene aufgemacht, die ganz im Sinne des Regisseurs ist, beschäftigt er sich doch auch in anderen Werken dieser Zeit wie DER MÜDE TOD (1921), METROPOLIS und DIE NIBELUNGEN (1924) mit dem Mythos.

Auffallend an diesem Zwischentitel ist, dass Mabuse von Gesetzen und Göttern spricht, denen er gleichermaßen respektlos begegnet. Ein seltsames Begriffspaar. Hier wird zum einen der Mythos bemüht, zu dem er sich mit seinen spektakulären Verbrechen selbst erheben will, zum anderen die Justiz.

Von Harbou und Lang machen hier zwei Ebenen deutlich, auf denen die Figur funktioniert. Das Gesetz durcheinander zu wirbeln steht natürlich für die Unordnung der Zeit, verweist aber auch auf die Untergrabung von staatlicher Reglementierung sowie gesellschaftlicher Ordnung im Allgemeinen. Daneben die „Götter" zu erwähnen, ist ein Hinweis auf die Metaebene, auf die von Harbou und Lang Mabuse hieven. Hier behauptet eine fiktive Figur ihren Platz im Pantheon der Mythen.

Interessanterweise geht der Plan von Autorin und Regisseur erst in der Filmfortsetzung DAS TESTAMENT DES DR. MABUSE vollends auf. Da ist Mabuse nur noch bloßer Wille, jegliche Charaktereigenschaften sind nicht mehr vorhanden, die Protagonisten reden von ihm wie von einem bösen Geist, der die Stadt einst unsicher machte. Die Figur verliert jede Menschlichkeit und wird zu einem System der Macht. Dazu bekommt sie eine Vergangenheit, die natürlich aus der Handlung des ersten Films besteht. Mabuse ist nun keine neue Figur mehr, sondern gehört zum Schurkeninventar des klassischen deutschen Stummfilms. Wie die meisten mythologischen Figuren ist sie schon da, hat ihren Platz in der Geschichte eingenommen, den sie mit der Fortsetzung verteidigt.

In Langs erstem Film ist diese mythologische Dimension der Figur bereits angelegt, aber mehr noch ist der Film eine Charakterstudie über Herrschsucht und Größenwahn in komplexen politischen Zeiten.

Überhaupt der Wahnsinn! Einer der größten Unterschiede des Films zum Roman ist sein Ende: während Jacques Mabuse bei einer spektakulären Verfolgungsjagd aus dem Flugzeug stürzen lässt, verfällt er bei Lang dem Wahnsinn.

Der 6. Akt von INFERNO beginnt mit der Belagerung von Mabuses Versteck durch die Polizei. Er und seine Männer versuchen mit Waffengewalt die Stellung zu halten, doch die Polizei, angeführt von Staatsanwalt von Wenk, ist in der Überzahl. Noch hat Mabuse nicht den Mut verloren und ruft der Polizei zu: „Ich fühle mich hier als Staat im Staate, mit dem ich von jeher im Kriegszustand lebte! Wenn Sie mich haben wollen, – – holen Sie mich!" Doch die Polizei besiegt schließlich seine Bande und Mabuse flieht durch einen Geheimgang. Er versteckt sich in seiner Falschgeldwerkstatt. Nach und nach wird er von Halluzinationen heimgesucht: die Toten, die er auf dem Gewissen hat, erscheinen vor ihm, fangen an, mit ihm Karten zu spielen, und beschuldigen ihn des Falschspiels.

Die Entwicklung, die er von der Belagerung bis zum Ende der Flucht durchmacht, ist eine sehr rasche. Zunächst ist er zuversichtlich und prahlt vor der Polizei (oder der Autorität im Allgemeinen) mit seinem selbsternannten Status als „Staat im Staate." Dass sein Spott und seine Zuversicht dann schnell in Panik und Flucht umschlagen, ist ein Indiz dafür, dass er sich bereits in einem verblendeten Zustand befindet. Der Meisterverbrecher, der sich ein Vergnügen daraus macht, die Leute zu täuschen, wird Opfer seiner Selbsttäuschung. Eine durchaus ironische Wendung, die typisch für Langs Kriminalfilme ist. So wird zum Beispiel der von Peter Lorre gespielte Kindermörder aus M – EINE STADT SUCHT EINEN MÖRDER von einem Blinden identifiziert, was schließlich zu seiner Gefangennahme führte.

Mabuses Selbsttäuschung ist seine Hybris, sie macht ihn vollends zu einem menschlichen Wesen und negiert in gewissem Sinne die mythologische Qualität der Figur. Doch Lang setzt den Schwerpunkt in diesem ersten Mabuse-Film ohnehin auf die Charakterstudie. Der Film ist in weiten Teilen das detaillierte Portrait einer machthungrigen Persönlichkeit, deren Größenwahn ihr zum Verhängnis wird.

Mabuse im Roman sterben zu lassen kann als moralische Auflösung verstanden werden, in der der Schurke seine gerechte Strafe erhält, aber auch
als Absolution des Lesers dafür, dass man die perfiden Pläne des Doktors
gewissermaßen genossen hat. Mabuse dem Wahnsinn anheimfallen zu lassen kann mehrere Gründe haben. Zum Beispiel ist es eine gute Möglichkeit,
den Weg für eine Filmfortsetzung offen zu halten. Die moralische Lektion ist
auch evident: Der Schurke wird am Ende seiner gerechten Strafe zugeführt,
ob nun Tod oder Wahnsinn, ist zweitrangig.

Vermutlich steht das Ende aber auch im Dienst von Langs Charakterstudie: Der Wahnsinn als nächster logischer Schritt einer Figur, die auf pa-
thologische Art und Weise auf, aus Langs Sicht, negative Entwicklungen in
der Weimarer Republik hinweist. Wenn Mabuse den Nachkriegsdeutschen
verkörpert, sieht der Regisseur für diesen keine Zukunft.

Die Sequenz, in der Mabuses Wahnsinn Schritt für Schritt offenbar wird,
ist hier ebenfalls von Interesse. Die Opfer seiner Verbrechen, Graf Told,
Edgar Hull, Cara Carozza und andere, erscheinen vor ihm, mit gespens-
terhaft bleichen Gesichtern, vollständig in schwarz gekleidet. Sie bitten ihn
zum Spiel und bezichtigen ihn des Falschspiels.

Abgesehen von den Bildern, die in ihrer geisterhaften Intensität an Wienes DAS CABINET DES DR. CALIGARI erinnern, hat man den Eindruck, dass
sich hier Mabuses Gewissen regt. All die Menschen, deren Tod er zu verantworten hat, kommen zurück um ihn zu quälen. Am Ende des Films wird
also zum ersten Mal so etwas wie Reue formuliert, wenn auch codiert, in
Form einer Halluzination. Lang lässt hier wieder in Bruchstücken Mabuses
Charakter durchscheinen. Neben seiner Liebe für die Gräfin Told gehört
diese Reue zu den menschlichsten Zügen dieser Figur, die ansonsten eher
dämonenhaft wirkt.

Norbert Grob sieht in dieser zur Empathie anhaltenden Charakterisierung eine subversive Qualität, weil sie es erlaube, „das Verbotene […]
nachvollziehbar und nachfühlbar" zu machen, was beinahe zwingend den
„Konsens zur Zivilisation, zu Gesetz und Moral, zu logischer Vernunft und
persönlicher Freiheit in Frage"[153] stellt. In dieser Hinsicht funktioniert die
Figur genau wie auch Fu-Manchu und Fantômas: Der Leser oder Zuschauer

---

153 Grob, Norbert: Zwischen Licht und Schatten. 2. Auflage. Sankt Augustin:
     Gardez! 2003 (Filmstudien; 20). S. 215.

bekommt die Gelegenheit, sich von ihren Taten zu distanzieren, sie aber zugleich lustvoll mitzuerleben und infolgedessen ein wie auch immer geartetes Verständnis für diese Figuren aufzubringen. Dabei wird selbstverständlich auch eine gewisse Sensationslust befriedigt, die vielleicht auch für den Erfolg des Mabuse-Stoffs mitverantwortlich ist.

Am Ende des Films finden Wenk und die Polizei Mabuse auf dem Boden der Werkstatt kauern. Er ist bereits dem Wahnsinn verfallen. Wenk hilft Mabuse dabei aufzustehen, als würde er einen hilfsbedürftigen, alten Mann stützen. Eine Szene, die fast versöhnlich wirkt. Eine weitere ironische Wendung Langs, hinter der aber mehr steckt. Es ist anzunehmen, dass Mabuse direkt in eine Nervenheilanstalt überführt wird, ist er doch nicht mehr ansprechbar, nicht mehr Herr seiner Sinne. Wenk, als Repräsentant des Staates, führt den Abtrünnigen mit einer gütigen Geste zurück in dessen Obhut. Der vorher so kampfbereite Schurke, der sich als „Staat im Staate" bezeichnet hatte, hat seine Lektion gelernt, dass er alleine nicht bestehen kann. Und der Staat scheint ihm seinen Fehler zu verzeihen und integriert ihn wieder in die Gesellschaft, indem sie ihn für „krank" erklärt und den Kranken entsprechend sanktioniert: mit der Einweisung in eine staatliche Institution. Es wird keine Selbstjustiz geübt und der Schurke fällt auch nicht aus dem Flugzeug, was vielleicht seinen Körper, aber nicht seine Überzeugungen zerstört hätte. Der Wahnsinn bricht ihn und der Staat zeigt sich nicht nur konsequent im Umgang mit Verbrechern, sondern bekommt ein menschliches Antlitz. Ein mehrdeutiger Kommentar Langs, der einen kritischen Blick auf autoritäre Strukturen verrät. Man denke auch wieder an M – EINE STADT SUCHT EINEN MÖRDER. Am Ende hält die Unterwelt der Stadt ein Tribunal oder genauer: einen Schauprozess für den Kindermörder ab, und äfft damit die Strukturen des Staates nach. Oder handelt es sich hier gar um eine Gleichsetzung von Staat und Unterwelt?

Die dunklen Mechanismen der Macht

Auch Siegfried Kracauer scheint von der Spiegelung von Staat und Unterwelt, die Lang vornimmt, überzeugt zu sein. In *Von Caligari zu Hitler* bezeichnet er Wenk als „eine Art legale[n] Gangster mit der Polizei als seiner Bande."[154] Kracauer sieht ihn als moralisch unbeteiligt an: er tut seine Pflicht, aber er bleibt blass, weswegen „sein Triumph zur Bedeutungslosigkeit herabsinkt."[155] Doch auch das ist Teil von Mabuses Figurenkonzeption. Hätte er einen ebenbürtigen Gegner, der ebenfalls durch eine einnehmende Persönlichkeit glänzte, würde die Faszination, die man für Mabuse empfindet, gleichmäßiger verteilt werden. Der Schwerpunkt würde auf ein Duell zweier gleichstarker Kontrahenten verlagert werden, was Langs Intentionen verwässert hätte. Kracauer verweist hier also auf einen Nebeneffekt dieser Figurenkonzeption. Tatsächlich erscheint Wenk in Jacques' Roman viel engagierter und moralisch motivierter als im Film.

Da Siegfried Kracauer nicht erwähnt, ob er die Romanvorlage gelesen hat, muss angenommen werden, dass seine Bewertung der Mabuse-Figur ausschließlich auf Langs Film basiert.

Kracauer stellt Mabuse in eine Reihe mit sogenannten Tyrannenfiguren des deutschen Films, wozu er unter anderem Dr. Caligari und Nosferatu zählt. Vor allem stellt er jedoch Mabuse als einen Vorläufer Hitlers dar, wofür ihm hauptsächlich Langs zweiter Mabuse-Film Indizien liefert, dessen Erscheinen 1933 mit der Machtergreifung der Nationalsozialisten symbolisch zusammenfiel.

Eine (zumindest zugeschriebene) Fähigkeit, die Hitler und Mabuse verbindet, ist die zur Hypnose. Die Ansicht, Hitler hätte, zumindest im übertragenen Sinne, das Volk hypnotisiert, war ein lange verbreiteter, vielleicht auch verzweifelter Versuch einer Erklärung für den Aufstieg des Nazi-Regimes. Zu DAS CABINET DES DR. CALIGARI schreibt Kracauer: „Caligari ist insofern eine sehr spezifische Vorahnung, als er Hypnose anwendet, um sich sein Werkzeug zu Willen zu machen, ein Verfahren, das [...] auf jene

---

154 Kracauer, S.: Von Caligari zu Hitler. S. 104.
155 Ebd.

Manipulationen der Seelen vordeutet, die Hitler als erster im Riesenmaßstabe praktizieren sollte. "[156] Was hier eher poetisch als Hypnose umschrieben wird, soll natürlich auf die multimediale NS-Propaganda und die daraus resultierende Massensuggestion hinweisen, die Hitler vor allem mithilfe von Joseph Goebbels initiiert hat. Dieser Erklärungsversuch von Hitlers Popularität und Erfolg scheint etwas hilflos, weil er sich nur auf die übernatürlich anmutende Suggestionskraft des Führers stützt und dem Volk lediglich eine passive Rolle, die der Hypnotisierten, zuschreibt.

Sebastian Haffner hat in *Geschichte eines Deutschen* diese suggestive Wirkung von Hitlers Person etwas differenzierter beschrieben:

> „Es war seltsam zu beobachten, wie sich dies gegenseitig steigerte: die wilde Frechheit, die den unangenehmen kleinen Hetzapostel allmählich zum Dämon wachsen ließ, die Begriffsstutzigkeit seiner Bändiger, die immer erst einen Augenblick zu spät erfaßten, was er eigentlich gerade gesagt oder getan hatte – nämlich, wenn er es durch ein noch tolleres dictum oder eine noch monströsere Tat gerade schon wieder in den Schatten gestellt hatte; und die Hypnose seines Publikums, das dem Zauber des Ekelhaften und dem Rausch des Bösen widerstandsloser erlag." [157]

Hier wirkt Hitler in vielerlei Hinsicht mabusisch. Überhaupt erinnert dieser Abschnitt an den Stil von Norbert Jacques' Mabuse-Roman, der ebenfalls eine schwer zu erklärende Faszination für seine Figur ausdrückt. Und auch Jacques versucht in einer Analyse die Gesellschaft oder die Reaktion der Gesellschaft auf Mabuse abzubilden. So erklärt auch Haffner das Charisma Hitlers mithilfe der gesellschaftlichen Rezeption seiner Person. Haffner beschreibt Hitlers Strategie als ein Spiel mit der Erwartung. Indem er unverblümt zu seinen Plänen steht, indem er seine Beweggründe durch eine dermaßen schamlose Offenheit darlegt, schafft er ein Moment der Irritation. Er wird unterschätzt und bekommt dadurch wenig Gegenwehr.

Mabuse schafft etliche Momente der Irritation, entweder durch seine Masken oder seine Manipulationen an der Börse. Er scheint überall und nirgends zu agieren, seine Verbrechen scheinen keinen Ursprung, kein lokalisierbares Zentrum zu haben. So setzt auch er auf die „Begriffsstutzigkeit seiner Bändiger", denen er stets voraus ist. Auch sein Gebaren ist von einer

---

156 Ebd., S. 90.
157 Haffner, S.: Geschichte eines Deutschen. S. 89.

gewissen Lächerlichkeit, wird aber durch seine überzeugende Darstellung (beinahe) legitimiert. Wie Hitler beherrscht er die Kunst der Übertreibung. Kracauer schreibt, dass Lang mit DAS TESTAMENT DES DR. MABUSE den „verbrecherischen Übermenschen wieder auferstehen" ließ, um „Hitlers unverkennbare Ähnlichkeit mit Mabuse zu spiegeln. Durch diesen zweiten Mabuse-Film wird eindeutig klar, daß der erste weniger ein Dokument als vielmehr eine jener tiefwurzelnden Vorahnungen ist, wie sie im deutschen Nachkriegsfilm verbreitet waren."[158] Abgesehen davon, dass eine Vorahnung sich schwer belegen lässt, braucht Kracauer diese für seine Argumentation gar nicht. Wenn er Hitler eine „unverkennbare Ähnlichkeit mit Mabuse" bescheinigt, dann bedeutet das nicht, dass Mabuse (wie) Hitler ist, sondern eher dass Hitler (wie) Mabuse ist. Das heißt, Hitler entspricht einem bestimmten Typus, der in der Mabuse-Figur bereits künstlerisch festgehalten, „vorformuliert" wurde. Er ist die reale Zuspitzung bestimmter radikaler Tendenzen und Charakteristika, die Mabuse so wirkungsvoll in sich vereint hatte. Hitler und Mabuse sind somit keinesfalls gleichzusetzen. Mabuse ist die verkörperte Sammelstelle zeittypischer Besonderheiten, eine bewusst eklektisch angelegter Figur, deren Charakteristika die zahlreichen Eigenarten der Menschen dieser Zeit widerspiegeln, in verallgemeinerter Form bündeln. Langs Intention war es schließlich, den Nachkriegsdeutschen zu porträtieren.

Kracauer hingegen sieht in Mabuse vor allem den „zeitgenössische[n] Tyrann[en]".[159] Der Tyrann ist eine jener Figuren des Weimarer Kinos, die Kracauer als besonders hervorstechend und zeittypisch betrachtet. Auftritt und anhaltende Präsenz dieser Figur verweise auf psychische Dispositionen, die einen wichtigen Baustein in der Entwicklung zum Nationalsozialismus darstellten. Die Faszination, die Dr. Caligari, Nosferatu, Iwan der Schreckliche aus Paul Lenis DAS WACHSFIGURENKABINETT (1924) und Dr. Mabuse auf den Zuschauer ausübten, hatte ihren Ursprung in der sozialen Realität der Republik. Und für Kracauer, der die Geschichte in *Von Caligari zu*

---

158 Kracauer, S.: Von Caligari zu Hitler. S. 104. Der Begriff „Dokument" bezieht sich hier auf den dokumentarischen Charakter des Films.
159 Ebd., S. 101.

Hitler von ihrem Ende (d.h. dem Dritten Reich) her betrachtet, ist die Figur des Dr. Mabuse der offensichtliche Hinweis auf eine Gesellschaft, die sich – zumindest dem Anschein nach – eher auf eine despotische als eine demokratische Herrschaftsform gründet:

> „Lang kommentierte diesen Film einmal mit der Bemerkung, er habe sich von der Vorstellung leiten lassen, die Gesellschaft als Ganzes zu spiegeln, indem Mabuse zwar überall, doch nirgendwo erkennbar anwesend sei. Es gelingt dem Film, Mabuse zu einer allgegenwärtigen Bedrohung zu machen, die doch nirgends greifbar erscheint und dadurch Gesellschaft unter einem tyrannischen Regime zu spiegeln – und zwar jene Gesellschaftsform, in der jedermann vor dem anderen Angst hat, denn jeder könnte Ohr oder Arm des Tyrannen sein."[160]

Hier wird offenbar, dass Lang auch hier auf mindestens zwei Ebenen operiert. Zunächst folgt er Norbert Jacques' Auslegung der Figur als zeittypisch, um so ein Panorama der Weimarer Zeit zu skizzieren. Doch während er, wie Kracauer schließt, ein Porträt des komplexen Tyrannen Mabuse zeichnet, bewegt er sich gleichzeitig weg von der Charakterisierung einer konkret verankerten Figur zur Beschreibung einer Stimmung der allgegenwärtigen Bedrohung. Mabuse wechselt quasi innerhalb des Films den „Aggregatzustand". Er entwickelt sich von einer Person immer mehr zu einem System der Macht, wie Jonathan Crary es nennt.[161] Kracauer hat diese Qualität der Figur erkannt, sie jedoch lediglich seiner Untersuchung über die psychisch-unbewusste Vorausahnung des Nationalsozialismus im deutschen Film unterstellt. Doch dieses System, dieses Machtgefüge, dieses Netz ist, Crary zufolge, zeitlos. Mabuse „stands for an array of spectacular techniques of dazzlement, immobilization, and suggestion"[162], er steht für die dunklen Mechanismen der Macht, ein Thema das Fritz Lang zeitlebens beschäftigt hat: „Lang is less interested in the nature of an emotional tie to a charismatic figure than he is in a diverse technology of influence."[163] Diese Technologie des Einflusses, der Begriff verweist schon darauf, hat auch mit dem technologischen und sozialen Fortschritt zu tun. Daher kann

---

160 Ebd., S. 103.
161 Vgl. Crary, J.: Dr. Mabuse and Mr. Edison. S. 271.
162 Ebd.
163 Ebd., S. 272.

beispielsweise ein Intrigant shakespeareschen Zuschnitts wie Iago nicht als mabusisch bezeichnet werden, auch wenn er sich ebenfalls auf die Kunst der Manipulation und Suggestion versteht. Denn Iago fehlt die nötige Infrastruktur, d.h. die Komplexität technologischer Möglichkeiten und die urbane Struktur, die es Mabuse möglich macht, verdeckt zu agieren.

Das mabusische Bühnenbild

Langs Film spielt in Berlin, einer modernen Metropole, die es einem erlaubt, alle technologischen Vorzüge der Zivilisation zu nutzen, vor allen Dingen die Medien. Die Stadt unter Mabuse erscheint so als komplexes Geflecht, das durch Technologie und Manipulation zusammengehalten wird. Daher kann das von Mabuse verkörperte System der Macht auch nur im Zentrum der modernen Zivilisation wirken, in der von Anonymität und unaufhaltsamem Fortschritt geprägten Lebenswelt der (Groß-)Stadt. Anders als Dracula und Svengali, ist Mabuse eine Figur des modernen 20. Jahrhunderts. Sie wird in Langs Film, der selbst in jungen Jahren zunächst in die Fußstapfen des Vaters treten und Architekt werden sollte[164], durchaus auch durch ihr Verhältnis zur Stadt und zur städtischen Architektur definiert. Frieda Grafe schreibt: „Formen und deren Verhältnisse sind wichtiger als Erzählvorgänge."[165] Die Erzählung selbst ist eher episodenhaft angelegt, ihr Höhepunkt (zumindest hinsichtlich Tempo und Dynamik) bereits im 1. Akt des ersten Teils erreicht und findet mit Mabuse Manipulation der Börse sein Ende. Danach spielt sich das Geschehen auf kleinerem Maßstab ab. Der Inhalt ist also nicht Aristoteles' Architektur des Dramas, sondern die Erzählung ist der Architektur der Formen verpflichtet. Lang inszeniert zunächst immer Räumlichkeiten und geometrische Anordnungen: geheime Keller, prunkvolle Säle, schillernde Bühnen, Treppenaufgänge. Genau wie Louis Feuillade, der Regisseur der FANTÔMAS-Reihe, setzt Lang auf eine statische Kamera, von der die Figuren in ein Verhältnis zum umgebenden Raum gesetzt werden. Wie Michelangelo Antonioni später eine existenzielle Verlorenheit und Befangenheit in einsame Figuren auf leeren Straßen transponieren sollte, hatte Lang schon in seinen Anfangstagen den Raum dazu genutzt, die Szenen psychologisch aufzuladen, sich dabei die spezifischen Möglichkeiten der fotografischen Optik zunutze machend: „Seitdem es das Kino gibt, haben wir drei Augen. Das dritte, das künstliche, rückt das Optisch-Unbewußte ins Blickfeld und

---

164 Vgl. Grafe, Frieda: Für Fritz Lang. Einen Platz, kein Denkmal. In: Fritz Lang. Hg. v. Peter W. Jansen u. Wolfram Schütte. 2., ergänzte Auflage. München, Wien: Carl Hanser Verlag, 1987 (Reihe Film; 7). S. 7–82, hier S. 62.

165 Ebd., S. 64.

macht a-humane Perspektiven für uns sichtbar."[166] Hier kann das Kino, um es mit literarischen Mitteln auszudrücken, zwischen den Zeilen operieren. Die innere Welt einer Figur kann durch ihr Verhältnis zur äußeren Welt ausgedrückt werden. In der Geometrie des filmischen Raums liegen in jedem Fall ganz andere Möglichkeiten als in der sprachlichen Beschreibung. Jean-Luc Godard erinnert daran, dass „im großen Kampf zwischen den Augen und der Sprache [...] der Blick die größere analytische Kraft"[167] besitzt. So erklärt sich auch Langs visuell erweiterte Interpretation der Mabuse-Figur. Norbert Jacques hat, als pflichtbewusster Reiseschriftsteller, zwar einen Blick für das Geographische und das Lokale, doch nutzt er diese lediglich zur Unterfütterung seines reißerischen Realismus. Seine Entscheidung, den Roman in der Bodenseeregion anzusiedeln, mag wohl mit seiner persönlichen Präferenz dieser Örtlichkeit zu tun haben, hat er doch einen Großteil seines Lebens dort verbracht, doch zur Charakterisierung Mabuses trägt sie nicht bei. Fritz Lang verlässt die ländliche Idylle zugunsten der strengen städtischen Geometrie:

> „Architektur bei Lang drückt Herrschaft aus durch optische Hierarchien: oben und unten; Klassen werden, zusammengefaßt, im Bild begreifbar. Architektur ist sichtbares Zeichen von Macht und Zwang."[168]

Vor allem, so Frieda Grafe, seine späteren Werke wie METROPOLIS, DIE NIBELUNGEN, aber auch M – EINE STADT SUCHT EINEN MÖRDER und die beiden Fortsetzungen um Dr. Mabuse würden diesem Credo folgen. Doch bereits der erste Mabuse-Film besticht durch seinen akribischen Blick auf Raumanordnungen. Die aufwändigen Kulissen, für die Lang den Filmarchitekten Otto Hunte engagierte, zeichnen sich durch einen „phantastischen Realismus"[169] aus, sie leisten einen großen Beitrag zur Oberflächenspannung bestimmter Szenen. Gleichzeitig scheinen die Bauten einen Kommentar zu der jeweiligen Szene abzugeben. Wenn Kracauer erläutert, dass das Bühnenbild

---

166 Ebd.
167 Godard, Jean-Luc: „Es kommt mir obszön vor." Warum Jean-Luc Godard den Technikwahn des Kapitalismus für unanständig hält. Ein Gespräch über Geld, Europa, seinen Hund und sein neues Werk „Film Socialisme". In: Die Zeit. 06. Oktober (2011) Nr. 41, S. 51–52, hier S. 52.
168 Grafe, F.: Für Fritz Lang. S. 63.
169 Grob, N.: Fritz Lang. S. 113.

des CALIGARI „die Struktur der Seele in Raumverhältnissen"[170] ausdrückt, dann kann man durchaus analoge Schlüsse zu Langs DR. MABUSE, DER SPIELER ziehen. Jedoch ist der Einsatz des Bühnenbilds bei Lang ungleich komplizierter. Bei CALIGARI vollzieht sich in der Filmarchitektur die Sichtbarmachung psychischer Deformation, wobei gleichzeitig eine schauerromantische Ästhetik heraufbeschworen wird. Lang hingegen orientiert sich nicht an einem bestimmten Genre. Trotz der durchaus vorhandenen Elemente des Unheimlichen und anderer spektakulärer Einschübe provoziert Lang mit seinem Einsatz der Filmarchitektur keine eindeutigen Affekte, sondern evoziert ein vages Gefühl von Undurchsichtigkeit, Überwältigung und autoritären Schwingungen. Grafe schreibt zu letzterem, dass „in diesen Architekturen, in den sichtbaren Zeichen von Macht, zu denen die Menge aufschauen muß, Systeme Autorität bekommen."[171] Das erklärt die stellenweise wirklich gigantischen, geradezu überlebensgroßen Bauten, vor denen Lang seine Figuren positioniert. Lang zeigt in seinen statischen Bildern vor allem die Ohnmacht bzw. die Machtlosigkeit seiner Figuren gegenüber diesen autoritären Zeichen. Doch die Architektur reflektiert auch die Undurchsichtigkeit mabusischer Aktionen. Der Film strotzt vor Geheimgängen, dunklen Treppen und anderen Durchgängen, die alle auf Mabuses Operationen verweisen.

Dank diesen „Schauplätzen betonter Künstlichkeit"[172] schafft es Lang, das Bühnenbild als psychologischen Motor seiner Erzählung zu akzentuieren. Eine allzu realistische Ausstattung oder naturalistische Beschreibung, wie sie sich in Jacques' Vorlage findet, hätte Langs Konzept nicht gerecht werden können. Er drückt Autorität, Macht und Paranoia in Bildern aus, die sich einer einseitigen Rezeption entziehen. Dadurch entstehen zwangsweise divergierende Interpretationsansätze, die die Mabuse-Figur aus ihrem relativ engen, von Norbert Jacques' Roman vorgegeben Interpretationskorsett befreien. Lang schafft es bereits in seinem ersten Mabuse-Film, die Grenzen der Figur zu überwinden, so dass man sich manchmal fragt, was denn „mabusischer" ist: der destruktive Einsatz von Technik, das an Zeichen reichhaltige Bühnenbild, oder die Figur selbst?

---

170 Kracauer, S.: Von Caligari zu Hitler. S. 93.
171 Grafe, F.: Für Fritz Lang. S. 64.
172 Kracauer, S.: Von Caligari zu Hitler. S. 102.

Der Mann, der Mabuse war

Thomas Elsaesser denkt die Figur in diesem Sinne weiter und macht aus ihr sogar „das letztlich unerträgliche menschliche Antlitz der anarchistischen Kräfte des Kapitals."[173] Mabuses destruktive Börsenspekulationen, seine illegalen Finanzgeschäfte, die sich jedweder Regulierung widersetzen, verweisen auf diesen ganz besonderen Aspekt der Macht. Macht ist nicht nur Autorität und Paranoia, worauf sich Kracauer vor allem bei seiner Mabuse-Rezeption konzentriert, sondern auch die Macht des Kapitals:

> „In dieser Hinsicht ist Mabuse keine Vorwegnahme eines selbst-ernannten Diktators wie Hitler, sondern jemand, der hinter den Kulissen wie in der Öffentlichkeit agiert, im Auftrag abstrakter Kräfte, denen er sein Gesicht als eine offene Verkleidung leiht. Wenn überhaupt, dann ist er ein Weimarer Vorläufer von Orson Welles' Charles Foster Kane: Beide sind sie ‚überlebensgroße' Figuren einer bestimmten Form des freibeuterischen Kapitalismus, der auf die Energien der Industrialisierung, des Krieges und der Weltwirtschaft mit einer Herrschaft der Spekulation, Fälschung und Verkleidung antwortete."[174]

Tatsächlich gibt es einige Gemeinsamkeiten zwischen dem Medien-Tycoon Kane, der an den Verleger William Randolph Hearst angelehnt ist, und Mabuse. Am Anfang von Orson Welles' CITIZEN KANE (1941) sieht man Kanes entlegenes Privatreich Xanadu, das aus der Ferne an Draculas Schloss erinnert und im Inneren eine exotische Atmosphäre mit wilden Tieren und ausgefallener Vegetation versprüht. Xanadu ist Kanes Rückzugsort vor der Zivilisation, an dem er einsam herrscht, und erinnert an Jacques' Eitopomar. Beide Figuren hegen den gleichen Wunsch eines privaten Reichs abseits der Gesellschaft. Insofern fühlen sich beide nicht der Gesellschaft zugehörig, stehen über ihr. Beide sind Strippenzieher, die mithilfe von Medien und Manipulation die öffentliche Meinung beeinflussen können.[175]

---

173 Elsaesser, Thomas: Das Weimarer Kino – aufgeklärt und doppelbödig. Berlin: Vorwerk 8 1999. S. 110.
174 Ebd.
175 Elsaessers Vergleich mit CITIZEN KANE, den ich hier dankbar aufnehme, ergibt überwiegend für die Verfilmung Sinn, doch auch da nur für den 1. Akt, der Mabuses Börsenmanipulation porträtiert und die Figur somit in einem komplexen kapitalistischen System verortet.

Ein fiktives Newsreel, das die Karriere von Kane in kurzen Etappen skizziert, zeigt den Zeitungsverleger auch mit Adolf Hitler, den er zunächst unterstützt, bevor er sich von ihm distanziert. Ein kurzer, aber interessanter Einschub, der die Affinität paranoider Machtfiguren für den Totalitarismus aufzeigt. Eine Nähe zu Hitler und seinen Ideen, wie weiter oben für Mabuse attestiert, ist also auch bei Kane zu finden. Ein Verweis, um mit Elsaesser zu sprechen, auf die laxe Moral des anarchistischen Kapitals.

In Welles' Film beginnt Kanes Aufstieg damit, eine seriöse Zeitung zu übernehmen und daraus Stück für Stück ein Boulevardblatt zu machen. Das erinnert an Ulrike Ottingers DORIAN GRAY IM SPIEGEL DER BOULE-VARDPRESSE, in dem ein weiblicher Mabuse die *yellow press* nutzt, um die öffentliche Meinung zu lenken.

Mabuse und Kane teilen auch den Kult um ihre eigene Person. Zu einem Jubiläum bekommt Kane von einer Reihe von Tanzmädchen ein Lied zu seinen Ehren vorgetragen, das obendrein von ihm handelt. Er umgibt sich mit Jasagern und käuflichen Gefolgsmännern. Leute, die ihm oder seiner Linie widersprechen, werden ausgemustert. Da Mabuse außerhalb des Gesetzes operiert, bedient er sich dafür der Beseitigungskommission. Ansonsten sind sich beide Figuren in ihrem Charakter erschreckend ähnlich. Beide neigen zu Kontroll- und Herrschsucht und stolpern schließlich über ihre Ambitionen, die sich nah am Größenwahn bewegen.

Doch es gibt einen entscheidenden Unterschied: In CITIZEN KANE macht Kane den logischen Schritt, in die Politik zu gehen und als Gouverneur zu kandidieren. Dass er dabei von einem öffentlichen Skandal zu Fall gebracht wird, mag eine ironische Wende darstellen, die aber die Konsequenz dieser Entscheidung nicht erschüttert. Kane als Vertreter eines ungezügelten Kapitalismus macht sich, nachdem er einen Großteil der öffentlichen Meinung in den Vereinigten Staaten unter seine Kontrolle gebracht hat, daran, die Gesetzgebung zu beeinflussen. Er ist der ultimative Lobbyist des Kapitalismus und stellt sich ganz in dessen Dienst. Mabuse ist eine düstere Vorstufe zu „Bürger Kane", bei der noch die anarchischen und destruktiven Impulse überwiegen. Was Elsaesser also suggeriert, ist, dass die konsequente Weiterentwicklung der Mabuse-Figur Langscher Prägung nur in der Figur des Charles Foster Kane münden kann. Auch Sturm formuliert eine Nähe Mabuses zum Kapital: „Mabuse ist wie das Geld: dank seiner vielen Gesichter ein universelles

Äquivalent."[176] Vielleicht hat Lang seinem Mabuse deshalb den Dschungel genommen und ihn in die Großstadt gebracht, ihn somit jeglicher charakterlicher Extravaganzen entkleidet und seine Handlungen in den Mittelpunkt gestellt. Denn so hat er die Figur auf kluge Art simplifiziert und ihre Symbolträchtigkeit dadurch nur verstärkt. Mabuse ist entschlossen und zielgerichtet, doch worauf genau erläutert Lang nicht. Selbst wenn behelfsmäßige Zwischentitel wie „Ich will ein Gigant werden" Mabuses Machthunger ausbuchstabieren, so wird dieser letztendlich niemals verdeutlicht oder kontextualisiert. Mabuses Wille bleibt abstrakt. Erst der Anwendungsbereich dieses Willens, sein Wirken in der urbanen Gesellschaft und dessen Auswirkungen zeigen, dass Mabuse die unberechenbare Dynamik des Kapitals verkörpert.

---

176 Sturm, G.: Mabuse, ein Bild der Zeit – Ein Spiel mit dem Bild. S. 350.

The Unknown Known

In Jean-Luc Godards filmischem Essay zur deutschen Wiedervereinigung, ALLEMAGNE NEUF ZERO (1991), sehen wir Eddie Constantine in einem der letzten Kapitel, das den Zwischentitel „Finis Germaniae" trägt, wie er im Taxi durch das nächtliche Berlin fährt, vorbei an Leuchtreklamen, beleuchteten Schaufenstern, die eine große Auswahl an Konsumartikel ausstellen. Aber „was man wirklich braucht, findet man nicht mehr", meint er aus dem Off. Eine Szene aus DAS TESTAMENT DES DR. MABUSE wird eingeblendet, in der der Psychiater Baum in seinem Wagen durch die Nacht rast und vor ihm Mabuses Geist erscheint. Nicht das Gespenst des Kommunismus, sondern das des Kapitalismus geht um, wie uns Constantine in seinem Off-Kommentar verrät: „Jedoch, da Geld ein Denkprozess ist, zerstört es sich selbst, sobald es die Wirtschaft bis zu ihrem Ende gedacht hat. Dann erfindet es Auschwitz und Hiroshima. Und so beginnt der letzte Kampf. Der Kampf zwischen Geld und Blut."[177] Godard hat Mabuse als Metapher für den Kapitalismus im Endstadium begriffen, der, anders als in CITIZEN KANE, nicht in einem konkreten Charakter oder einer historischen Figur mündet, sondern in einem logischen Vernichtungsprozess (dem jedoch ein ordentlicher Kaufrausch vorausgeht). Vor einer Ampel, die grün wird, sehen wir die Leuchtschrift der Deutschen Bank in der Dunkelheit. Es beginnt *jetzt*, scheint diese Szene zu sagen.

Aber vielleicht geht das zu weit. Mabuse als Endpunkt? Ist er nicht vielmehr doch ein Schreckgespenst? Artur Brauner hat mit seinem sechsteiligen Filmzyklus, der mit Langs letztem Seufzer begann, die Figur jedenfalls so verstanden. Beginnend mit IM STAHLNETZ DES DR. MABUSE (1961) musste sich Drehbuchautor Ladislas Fodor stets neue Skurrilitäten ausdenken, die entweder populären Science-Fiction-Motiven des 19. Jahrhunderts oder damaligen Trends entnommen wurden: so wird bei H. G. Wells und seinen *The Invisible Man* (1897) genauso geborgt, wie bei Bryan Edgar Wallace (bei dem man sich den ersten Vornamen gerne weggewünscht hätte) oder den James-Bond-Filmen. Fodors Beitrag zum Mabuse-Mythos ist tatsächlich die

---

177 Übersetzung des Autors.

Trivialisierung der Figur. Man hat, bei Betrachtung der CCC-Filme beinahe das Gefühl, sie basierten auf billigen Groschenromanen, wie diejenigen, die Norbert Jacques in seinen letzten Jahren gezwungen war zu schreiben. Doch, und hier wird es postmodern, für die Figur ist es unerheblich. Fritz Lang hat Mabuse in seinen 1000 AUGEN längst ausgelöscht, und ob Wolfgang Preiss, Walter Rilla oder Andere den Epigonen/Namensvetter verkörpern, ist nicht mehr relevant. Die Figur ist so ungreifbar, so ausweichend, dass die Qualität der Filme ihr nichts anhaben kann. Selbst der Film *an sich* kann sie nicht mehr halten. Artur Brauners letzter Versuch, die Figur zu reanimieren, scheiterte, weil er den spanischen Regiefantasten Jess Franco mit der Aufgabe betreute. DR. M SCHLÄGT ZU (1970) ist gezeichnet von Francos respektlos auteuristischer Vision, seinen eigenen Film zu machen, egal, wofür er eigentlich engagiert wurde. Auch wenn man im Vorspann den Namen Art Bernd (Brauners Pseudonym) liest, der für das Drehbuch verantwortlich sein soll, ist offensichtlich, dass Franco das Skript (sollte es je existiert haben) komplett ignorierte und den Film als Remake seines eigenen GRITOS EN LA NOCHE (1961) inszenierte, mit Jack Taylor als *mad scientist* Dr. Orloff (Francos eigenem Beitrag zur filmischen Horror-Mythologie). Dr. Orloff soll hier Mabuse sein, aber die deutsche Synchronisation verschleierte jedweden Hinweis auf Mabuse (der Titel deutet es bereits an). Brauner entzog Mabuse letztendlich dem für ihn bestimmten Film, doch seine Silhouette lauerte natürlich noch immer irgendwo hinter den Bildern. Zumindest bis sie letztendlich in den gesellschaftspolitischen Strukturen aufgegangen war. Chabrol ahnte es, und machte aus der mabusischen Verbrecherorganisation einen Konzern. Reine Logik. Aber das ist auch schon über 25 Jahre her. Wo ist Mabuse heute? So zeitverhaftet seine Verkörperung, seine Benennung, seine Ausformulierung ist, so zeitlos seine Essenz. Er steckt in Charles Foster Kane wie in Steve Jobs oder Mark Zuckerberg. Er ist Google, aber er ist auch die EU. Er macht in Drogen wie in Fair-Trade-Bananen. Er ist ein Labyrinth aus Angst, Terror und Konsum. Er ist, um es mit Donald Rumsfeld zu sagen, the Unknown Known. Und seine Denunzierung als Trivialfigur des Trivialkinos? Eine geniale Verschleierungstaktik. Geradezu mabusisch.

Es gibt keinen Dr. Mabuse

Dr. Mabuse ist eine vielschichtige Figur, da sie nicht nur literarisch einen großen Komplex deutscher Themen behandelt oder eine Stilepoche des Films repräsentiert, sondern weil sie über Jahre hinweg als ständiger Kommentar zeitgenössischer und insbesondere deutscher Problemfelder fungierte. Georges Sturm schreibt zwar: „Von den zwei Sparten, in die man die Lektüre der Mabuse-Filme einordnen kann, ‚Politik/Abbild einer Epoche‘ und ‚Große Mythen‘ glaube ich, dass die zweite überzeugender ist"[178] und verweist dabei auf die allgemeingültige Faszination der Figur, die Machthunger, Autorität und Willen zum Bösen verkörpert und dabei gleichzeitig eine mythologische Dimension erreicht. Doch wenn man all die filmischen Mabuse-Inkarnationen hintereinander betrachtet, so entsteht eine historisch-politische Narration, die kaum von der zeitlosen Geschichte um Macht und Kontrolle zu trennen ist. Langs erste drei Mabuse-Filme porträtieren und kommentieren jeweils die Weimarer Republik, die angespannt-repressiven Verhältnisse kurz vor der Machtübernahme der Nazis und den Status Quo der Adenauer-Zeit mit ihrer unterdrückten NS-Vergangenheit. Von Film zu Film löst sich die physische Präsenz Mabuses immer mehr auf. Im ersten Film wird er wahnsinnig. Im TESTAMENT wird der Anstaltsleiter Baum von Mabuses Geist besessen, dessen körperliche Präsenz an einen lebenden Leichnam erinnert. Sein Körper wird schließlich sterben. Doch in DIE 1000 AUGEN DES DR. MABUSE werden andere Verbrecher seinen Namen annehmen, genauso wie in den von Artur Brauner produzierten Nachfolgefilmen. Mabuse, der Mensch, ist in der Historie der Weimarer Republik verhaftet. Sein destruktiver Geist lebt weiter und befällt seine Nachfolger.

In den Achtziger Jahren wird die Figur konsequent zu Ende gedacht. Ulrike Ottinger verwandelt Mabuse (als Metapher bzw. als System gedacht) 1984 in ihrem Avantgardefilm DORIAN GRAY IM SPIEGEL DER BOULEVARDPRESSE in die manipulative Macht der Medien. Claude Chabrol führt den Gedanken in DR. M fort und macht aus Mabuse einen Konzern. Der Name

---

178 Ebd. S. 344.

Mabuse fällt aus Rechtsgründen weg, Chabrol nennt seinen Schurken Marsfeldt, aber auch das erscheint folgerichtig. Denn selbst der Name Mabuse erinnert noch an die von Jacques erdachte Figur, die in ihrer Rezeption von Lang, Chabrol und anderen doch längst in eine, im Sinne Crarys, Technologie des Einflusses transformiert wurde. Mabuse ist nur der behelfsmäßige Name einer Struktur der Macht; eine Allianz aus Kapitalismus, Medien, Technik, urbaner Architektur und einem autoritären Element, das all die anderen zusammenhält.

Auf der anderen Seite gibt es den ursprünglichen Mabuse, die literarische Erfindung eines luxemburgischen Reiseschriftstellers. Eine Figur, die in ihrer Zusammensetzung ganz klar den Phänomenen ihrer Zeit entsprungen ist. Die Figur wirkt wie ein Amalgam aus Hypnose, Psychoanalyse, Exotismus, den Schriften Nietzsches, Deutschland während und nach dem Ersten Weltkrieg und dem französischen Schurken Fantômas. Diese einzelnen Begriffe scheinen sich zu einer expressionistischen Skizze jener Zeit zusammenzusetzen. Doch wie korrespondiert das Zeitbild mit dem komplexen Charakter Mabuses, der zwar ein Zivilisationsfeind ist, sich aber allen Errungenschaften ebenjener Zivilisation bedient, um seinen Traum vom eigenen Dschungelreich zu verwirklichen? Mabuse ist ein entfernter Verwandter von Conrads Elfenbeinhändler Kurtz und anderen Jacques'schen Aussteigern wie Pirath und Landmann Hal. Dabei ist er ein Gescheiterter, der seinen Kolonialtraum nach dem Weltkrieg wiederbelebt, nur um ihn ein weiteres Mal zu begraben. Die Geschichte von Dr. Mabuse ist auch die Geschichte seines Scheiterns. Und will man diesen Mabuse unbedingt mit Hitler vergleichen, dann mit dem Hitler des Bierputsches und nicht mit dem Reichskanzler. Er ist kein Führer, sondern ein pathetischer Konspirant, der entweder dem Wahnsinn oder dem Tod zuarbeitet.

Und doch ist Mabuse stets ein anderer. Wie die Figur selbst in immer neuen Masken auftaucht und sich vollständig in die Gesellschaft integriert und somit ihre Identität stets aufs Neue definiert, so verschiebt sich der Blick des Betrachters auf diese Figur mit jeder neuerlichen Kontextualisierung. Fritz Lang sieht in ihm den paradigmatischen Nachkriegsdeutschen oder den Nietzsche-Übermenschen „im schlechten Sinne". Enno Patalas hält ihn für einen Subversiven. Nach Elsaessers Lesart ist er die Verkörperung der destruktiven Kräfte des Kapitalismus. Brandlmeier nennt ihn den „germanisierten Fantômas". Für Kracauer ist er ein zeitgenössischer Tyrann und eine künstlerische Antizipation Hitlers. Für David Kalat hat er wiederum viele Anzeichen des „diabolical Jew."[179] Alle diese Sichtweisen haben ihre Berechtigung, so sehr sie auch auseinandergehen mögen. Kalat bringt es auf den Punkt: „There is no Dr. Mabuse, which is another way of saying anyone can be Dr. Mabuse."[180] Jeder Blickwinkel (de)maskiert Mabuse auf seine Art und die Figur ist empfänglich für jedwede Interpretation. Und dennoch begleitet sie gleichermaßen die deutsche Geschichte des 20. Jahrhunderts, mit der sie untrennbar verwoben ist. Mabuse ist das parallaktische historische Narrativ Deutschlands.

179 Kalat, D.: The Strange Case of Dr. Mabuse. S. 284.
180 Ebd., S. 286.

Literaturverzeichnis

Bergman, Ingmar: *Bilder*. Köln: Kiepenheuer & Witsch 1991.

Brandlmeier, Thomas: *Fantômas. Beiträge zur Panik des 20. Jahrhunderts*. Berlin: Verbrecher Verlag 2007 (Filit; 1).

Bogner, Ralf Georg: *Einführung in die Literatur des Expressionismus*. Darmstadt: Wissenschaftliche Buchgesellschaft 2005.

Bongartz, Barbara: *Von Caligari zu Hitler – von Hitler zu Dr. Mabuse? Eine „psychologische" Geschichte des deutschen Films von 1946 bis 1960*. Münster: MAkS Publikationen 1992.

Butler, Erik: *Dr. Mabuse. Terror and Deception of the Image*. In: The German Quaterly 4 (2005). S. 481–495.

Chabrol, Claude: *Wettlauf der Bulldozer. SPIEGEL-Interview mit dem französischen Regisseur Claude Chabrol über seine Dreharbeiten an der Berliner Mauer*. In: Der Spiegel 48 (1989). S. 214–217.

Conrad, Joseph: *Heart of Darkness*. London: Penguin Books 1994 (Penguin Popular Classics; 26).

Crary, Jonathan: *Dr. Mabuse and Mr. Edison*. In: Art and Film Since 1945: Hall of Mirrors. Hg. v. Russell Ferguson. Los Angeles, New York: The Monacelli Press 1996. S. 262–279.

Du Maurier, George: *Trilby*. New York: Oxford University Press 2009.

Eichberg, Ralf: *Nietzsches Spuren in der Figur des Dr. Mabuse*. In: Nietzsche im Film. Projektionen und Götzen-Dämmerungen. Hg. v. Volker Gerhardt u. Renate Reschke. Berlin: Akademie Verlag 2009 (Nietzscheforschung; 16). S. 65–77.

Eisner, Lotte H.: *Die dämonische Leinwand. Überarbeitete, erweiterte und autorisierte Neuauflage*. Frankfurt: Kommunales Kino 1975.

Elsaesser, Thomas: *Das Weimarer Kino – aufgeklärt und doppelbödig*. Berlin: Vorwerk 8 1999.

Godard, Jean-Luc: *„Es kommt mir obszön vor." Warum Jean-Luc Godard den Technikwahn des Kapitalismus für unanständig hält. Ein Gespräch über Geld, Europa, seinen Hund und sein neues Werk „Film Socialisme"*. In: Die Zeit. 06. Oktober (2011) Nr. 41, S. 51–52.

Grafe, Frieda: *Für Fritz Lang. Einen Platz, kein Denkmal.* In: Fritz Lang. Hg. v. Peter W. Jansen u. Wolfram Schütte. 2., ergänzte Auflage. München, Wien: Carl Hanser Verlag, 1987 (Reihe Film; 7). S. 7–82.

Grob, Norbert: *Fritz Lang. „Ich bin ein Augenmensch". Die Biographie.* Berlin: Propyläen 2014.

Grob, Norbert: *Zwischen Licht und Schatten. Essays zum Kino.* 2. Auflage. Sankt Augustin: Gardez! 2003 (Filmstudien; 20).

Haffner, Sebastian: *Geschichte eines Deutschen. Die Erinnerungen 1914–1933.* München: Deutsche Verlags-Anstalt 2000.

Hake, Sabine: *Film in Deutschland. Geschichte und Geschichten seit 1895.* Reinbek bei Hamburg: Rowohlt 2004.

Hake, Sabine: *The Cinema's Third Machine. Writing on Film in Germany 1907–1933.* Lincoln, London: University of Nebraska Press 1993.

Hoben, Josef: *Norbert Jacques (1880–1954). Der Erfinder des „Dr. Mabuse".* Uhldingen 1994 („Literatur der Euregio"; 2).

Jacques, Norbert: *Dr. Mabuse.* In: Dr. Mabuse, der Spieler. Hg. v. Michael Farin und Günter Scholdt. Reinbek bei Hamburg: Rowohlt 1996. S. 264–272.

Jacques, Norbert: *Dr. Mabuse auf dem Presseball.* In: Mabuses Kolonie. Hg. v. Michael Farin und Günter Scholdt. Reinbek bei Hamburg: Rowohlt 1997. S. 7–10.

Jacques, Norbert: *Dr. Mabuse, der Spieler.* Reinbek bei Hamburg: Rowohlt 1996.

Jacques, Norbert: *Mabuses Kolonie.* Reinbek bei Hamburg: Rowohlt 1997.

Jacques, Norbert: *Das Testament des Dr. Mabuse.* Reinbek bei Hamburg: Rowohlt 1997.

Jansen, Peter W. u. Wolfram Schütte (Hrsg.): *Claude Chabrol.* 2. Auflage. München, Wien: Carl Hanser Verlag 1986 (Reihe Film; 5).

Kalat, David: *The Strange Case of Dr. Mabuse. A Study of the Twelve Films and Five Novels.* Jefferson: McFarland 2001.

Koch, Gertrud: *Kracauer zur Einführung.* Hamburg: Junius 1996.

Koebner, Thomas: *Wie in einem Spiegel. Schriften zum Film. Dritte Folge.* Sankt Augustin: Gardez! 2003 (Filmstudien; 22).

Kollak, Ingrid: *Literatur und Hypnose. Der Mesmerismus und sein Einfluß auf die Literatur des 19. Jahrhunderts.* Frankfurt, New York: Campus Verlag 1997.

Kracauer, Siegfried: *Von Caligari zu Hitler. Eine psychologische Geschichte des deutschen Films.* Berlin: Suhrkamp 2012 (Werke; 2.I).

Kracauer, Siegfried: *Das Ornament der Masse. Essays.* Frankfurt am Main: Suhrkamp 1977 (suhrkamp taschenbuch; 371).

Kracauer, Siegfried: *Theorie des Films. Die Errettung der äußeren Wirklichkeit.* Frankfurt am Main: Suhrkamp 1985 (suhrkamp taschenbuch wissenschaft; 546).

Lang, Fritz: *Aus, tableau.* In: Das Testament des Dr. Mabuse. Hg. v. Michael Farin und Günter Scholdt. Reinbek bei Hamburg: Rowohlt 1997. S. 257–274.

Patalas, Enno: *Kommentierte Filmfografie.* In: Fritz Lang. Hg. v. Peter W. Jansen u. Wolfram Schütte. 2., ergänzte Auflage. München, Wien: Carl Hanser Verlag, 1987 (Reihe Film; 7). S. 83–142.

Prokop, Dieter: *Soziologie des Films.* Berlin: Luchterhand 1970 (Soziologische Texte; 69).

Schlaffer, Heinz: *Das entfesselte Wort. Nietzsches Stil und seine Folgen.* München: Carl Hanser Verlag 2007.

Schmid, Hans: *Herrschaft des Verbrechens.* In: Das Testament des Dr. Mabuse. Hg. v. Michael Farin und Günter Scholdt. Reinbek bei Hamburg: Rowohlt 1997. S. 360–387.

Schmid, Hans: *Mabuses Kino – Kino als Sabotage.* In: Das Testament des Dr. Mabuse. Hg. v. Michael Farin und Günter Scholdt. Reinbek bei Hamburg: Rowohlt 1997. S. 408–421.

Schmiedt, Helmut: *Dr. Mabuse, Winnetou & Co. Dreizehn Klassiker der deutschen Unterhaltungsliteratur.* Bielefeld: Aisthesis, 2007.

Scholdt, Günter: *Der Fall Norbert Jacques. Über Rang und Niedergang eines Erzählers (1880–1954).* Stuttgart: Akademischer Verlag Hans-Dieter Heinz 1976 (Stuttgarter Arbeiten zur Germanistik; 22).

Scholdt, Günter: *Mabuse, ein deutscher Mythos.* In: Dr. Mabuse, der Spieler. Hg. v. Michael Farin und Günter Scholdt. Reinbek bei Hamburg: Rowohlt 1996. S. 359–382.

Scholdt, Günter: *Zum Briefwechsel Jacques – Harbou – Lang.* In: Das Testament des Dr. Mabuse. Hg. v. Michael Farin und Günter Scholdt. Reinbek bei Hamburg: Rowohlt 1997. S. 218–223.

Shoewalter, Elaine: *Introduction.* In: George Du Maurier: Trilby. New York: Oxford University Press 2009. S. vii–xxi.

Schroer, Markus: *Einleitung: Die Soziologie und der Film.* In: Gesellschaft im Film. Hg. v. Ders. Konstanz: UVK Verlagsgesellschaft mbH 2008. S. 7–13.

Seesslen, Georg: *Filmwissen: Thriller. Grundlagen des populären Films.* Marburg: Schüren 2013.

Stevens, Dana: *Writing, Scratching, and Politics from M to Mabuse.* In: Qui Parle 1 (1993). S. 57–80.

Sturm, Georges: *Mabuse, ein Bild der Zeit, ein Spiel mit dem Bild. Zu den vier Mabusefilmen von Fritz Lang.* In: Das Testament des Dr. Mabuse. Hg. v. Michael Farin und Günter Scholdt. Reinbek bei Hamburg: Rowohlt 1997. S. 336–359.

LiteraturFilm

Herausgegeben von Dagmar von Hoff

Die Bände 1-5 sind im Martin Meidenbauer Verlag erschienen und können über den Verlag Peter Lang, Internationaler Verlag der Wissenschaften, bezogen werden: www.peterlang.com.

Ab Band 6 erscheint diese Reihe im Verlag Peter Lang, Internationaler Verlag der Wissenschaften, Frankfurt am Main.

www.peterlang.com